社会主义核心价值体系建设

"双百"出版工程

项 目

/100位
新中国成立以来感动中国人物/

向 秀 丽

房树民　黄际昌/著

★

吉林文史出版社

前 言

每个人的心中都多少有一点英雄情结，都向往英雄、景仰英雄。也正因此，在中华人民共和国建国六十周年之际，由中央十一部委联合组织开展的"100位为新中国成立作出突出贡献的英雄模范人物和100位新中国成立以来感动中国人物"的评选活动中，群众参与投票总数近一亿。这其中的每一张选票，都表达了人们对英雄模范的崇敬之情，寄托着对伟大祖国的美好祝福。

一个民族不能没有英雄，否则这个民族就不会强大。当国家危难之时，懦弱者选择了逃避、妥协甚至投降，英雄们却挺身而出，用热血捍卫民族的尊严，人民的幸福。在创立和建设新中国的伟大历程中，涌现出无数可歌可泣的英雄模范人物。他们之中，有为了民族独立和人民解放而英勇牺牲的革命先烈，有为了党和人民的事业而不懈奋斗的优秀共产党员，有在全民族抗战中顽强奋战、为国捐躯的爱国将士，有英勇杀敌的战斗英雄和革命群众，有积极从事进步活动的著名民主爱国人士和国际友人……他们是民族的脊梁、祖国的骄傲，是激励全体人民团结奋斗的精神力量。

《100位新中国成立以来感动中国人物》丛书，就像一部星光璀璨的英雄谱，真实、完整地记录了英雄模范人物不平凡的一生，再现了他们非凡的人格魅力和精神世界。舍身堵枪眼的黄继光，拼命也要拿下大油田的王进喜，中国原子弹之父邓稼先，新时期领导干部的楷模孔繁森……一串串闪光的名字，一个个动人的故事，犹如群星闪烁，光耀中华。

当今中国正处于伟大变革的时代，迫切需要涌现出一大批勇于承担历史使命、为祖国和人民奉献一切的先进人物。在"双百"人物崇高精神的引领下，在建设社会主义现代化国家的征程中，必将英雄辈出。

生平简介

　　向秀丽（1933-1959），女，汉族，广东省清远市人，中共党员。生前系广州何济公制药厂工会委员、班长。

　　1956年公私合营后，向秀丽在广州何济公制药厂当上了一名包装工。她工作积极，埋头苦干，不讲价钱，多次被评为先进工作者。她克服文化水平不高的困难，刻苦钻研，掌握了甲基硫氧嘧啶化学药剂试制操作技术。1958年12月13日晚，向秀丽和两个当班的工人正忙碌地工作，突然一瓶无水酒精脱手往下滑，瓶身破裂，瓶内酒精全部流出，向四周漫流，因受附近制药用的正在燃烧的10个煤炉热辐射，酒精迅速燃烧起来。如不及时扑灭，将会引起不远处60多公斤易燃易爆的金属钠爆炸。一旦金属钠爆炸，将引起整个厂区及附近居民区的重大火灾，后果不堪设想。在千钧一发之际，向秀丽奋不顾身地用自己的身躯扑向燃烧的酒精，与烈火展开殊死搏斗，最终避免了一场恶性爆炸事故的发生。然而，向秀丽却被大火烧伤，她全身烧伤的面积达67%，其中二、三度烧伤占65%。她在医院休克了三天三夜，醒来后的第一句话就是问工厂的损失和同事们的安全情况。向秀丽虽经医院全力抢救，但终因伤势严重而光荣牺牲，献出了年仅26岁的生命。她被广州市人民政府追认为革命烈士。

1933-1959

[XIANGXIULI]

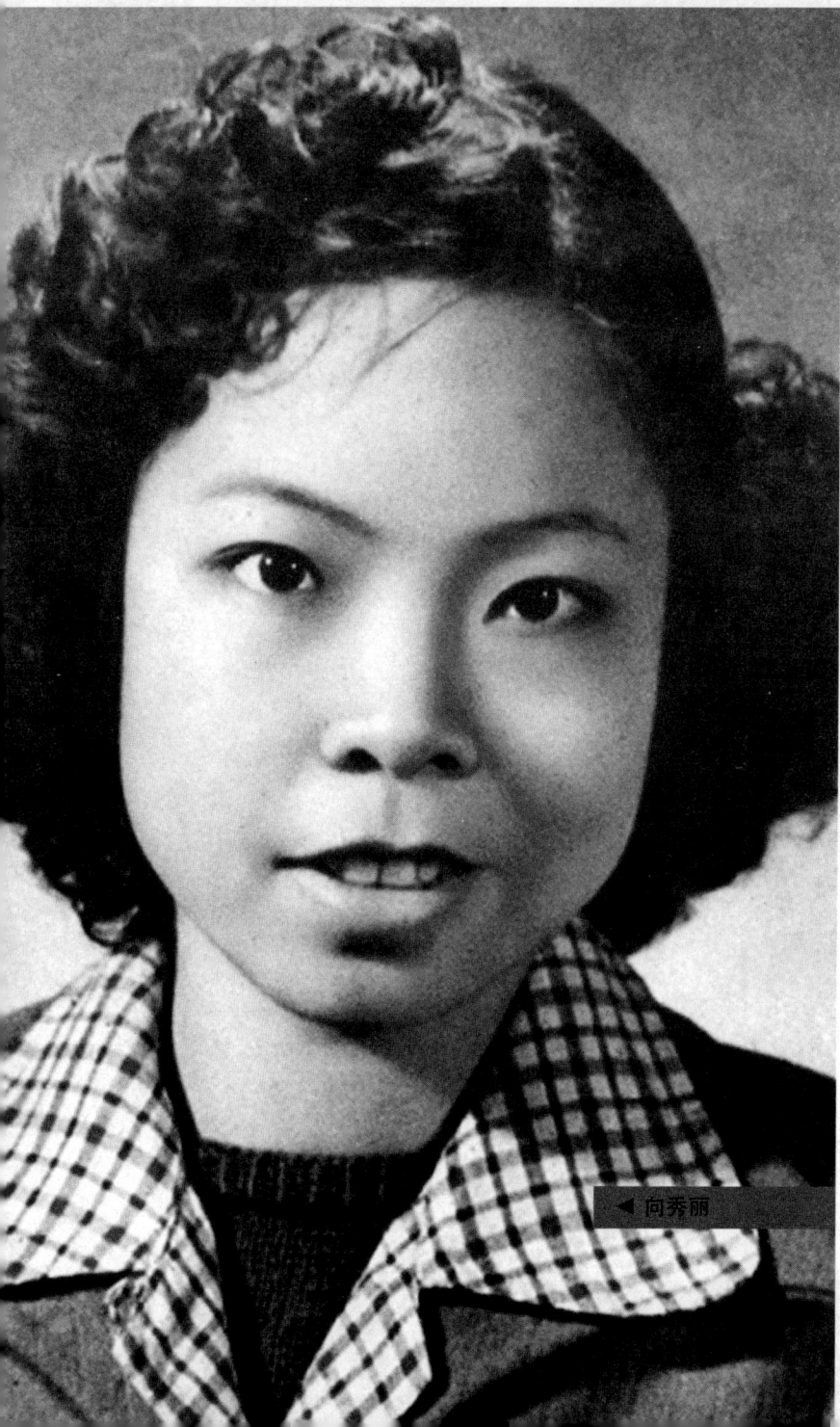

◀ 向秀丽

目 录 MULU

书写一个女共产党员的崇高灵魂（代序）

沉寂了半个世纪的拙著《向秀丽》，有机会纳入吉林文史出版社的选题计划，得到新版印制。欣喜的同时，也勾起五十多年前我们采写向秀丽事迹时的一段难忘的记忆。

那是 1959 年 1 月底，广州何济公制药厂的年轻女工向秀丽因保护工友生命和工厂财产不受损失，以身扑火，身负重伤牺牲。这深深地感动了广州的各界人民，那段时间整个城市掀起了广泛的向这位年轻女共产党员学习的热潮。《中国青年报》闻讯后，也决定在全国青年中宣传这位英雄的事迹。报社领导派我和黄际昌同志马上赴穗采访。我记得是在初春的一场大雪过后，我们坐上火车，经两昼夜抵达广州。当时向秀丽工作的车间已布置起纪念室，市文化宫也在举办事迹展览，全市各界，尤其是青少年们，络绎不绝地涌去参观，开展学习活动。当我们初步摸清采访线索后，便马不停蹄地遍访向秀丽成长过程中所有工作和生活过的地方，悉心地造访各层领导、工友和她不同年龄段的伙伴。我们到向秀丽简陋的家中慰问和访问她的亲人。她的母亲极为朴实、内向、刚强，她默默地流着眼泪，话说得很少，是向秀丽的两个姐姐将自己的妹妹童年遭受的苦难讲了很多。我们和她的母亲一起流泪。向秀丽的领导、工友、女伴讲起向秀丽对待工作的踏实认真、对待同志的真诚热情和她严格要求自己、公而忘私的事例，也常常是眼含热泪。

当我们的采访告一段落，梳理一下向秀丽的大体经历和她的感人事迹时，我们做了一点分析：向秀丽经历的苦难童年和她受到的家庭教育、社会影响，铸就了她勤劳、善良、淳朴、坚毅的性格。党和工会、青年团的教育，使这位普通的女工对人生的认识有了质的升华，就是遇事首先考虑党的利益、人民的利益。她的这种人生观的树立是点点入地的，不是刻意形成的。因此，在日常工作生活中，一事当前，她就自自然然地处处体谅和帮扶别人，也敢挺身而出和个别的违反公益的行为作理性的斗争。而在特别危急时刻，她也能不必临阵掂轻掂重，而是即刻行动赴汤蹈火。有了这样的分析判断之后，我们在进行写作向秀丽小传时，也就思路清晰了：那就是，不必也不应人为地拔高她，记者所应做的，是用平常话语，实实在在地传导她那些亲切可信的故事。在制药车间火焰突起危及他人生命的一刹那，她毫不虑及自身安危，扑了上去，咬紧牙关和烈火搏斗，那不是一时的"灵魂冲动"，而是早已化为崇高的一个真正共产党员的血肉自觉。我们依照这样的思想路数，在广州团市委招待所的一间空房里，夜以继日地完成了这部向秀丽的小传。

相隔50年后，向秀丽被评为"100位新中国成立以来感动中国人物"之一，这证明向秀丽的精神火焰还在燃烧，党和人民仍在仰望她、纪念她。我们也十分欣慰地把当年写就的这部小传找出来，献给今天的读者。这里需要补说几句：毕竟这是半个世纪之前的旧作；而半个世纪之前的50年代，整个社会环境，包括经济、政治、文化、法律以至语境等等，都与当今的社会状况有了很大的不同。而生活和工作在那个年代的每个人，包括向秀丽，必然也会带有那个特定年代的印痕。作者这次修订这部小传时，为了已成历史人物的向秀丽的形象真实可信，除了将个别不太合适的情节和文字小作修改和删节外，基本保持1959年中国青年出版社初版本的原样。我想，读者是会以历史唯物观，去审视已往年代英雄人物的平凡而又壮丽的一生的。

童年在苦难中度过

纪念向秀丽同志

血肉延烧防甚危 縱身撲火

不惜牺牲谨防燎外殃及忍受

燔灼强身特風格立於烈火

局势谋仁到树红旗重傷百药

都无救我仪型永世垂

一九五九年二月董必武题

⊙→ 逃难的岁月

★★★★★

　　1937 年的秋天。

　　抗日战争爆发了。中国共产党领导下的工农红军，为了挽救中华民族的危亡，分别改编为八路军、新四军，挺进到抗日的前线，英勇杀敌。但是，国民党蒋介石还在三心二意，妄图削弱共产党的力量，在日本帝国主义疯狂进攻之时，他们消极抵抗。不久，贴着膏药旗的日本飞机，便轰炸了珠江沿岸。

　　人民的灾难来了。逃难的人流连日连

夜地撤出广州。他们咬牙切齿地咒骂着日本帝国主义的残忍暴行。

广州是一片凄惨的景象。飞机轰轰地在天上飞过，炸弹把建筑物掀到空中，卷起弥天漫地的烟尘。警笛的惊心动魄的怪叫声，已经连续地叫了一夜了。在越秀山附近偏僻小巷的一间又暗又湿的贫民房里，向秀丽的母亲，一夜也没有合眼。六个小孩子都瘦得皮包骨头，挤在一起。漆黑的夜晚，不断从天上传来飞机"嗡嗡"的吼声，掺和着街上逃难人们的惨叫声，吓得孩子们都早已不敢动了。母亲小心地从门口走进来，孩子们"妈呀妈呀"地叫着搂住她，再也不放手。向秀丽这时才5岁，她抱住妈妈的脖子说：

"妈，妈，害怕……"

妈妈低声说："妈妈给你们看门，它不敢来的。不怕，不怕。"

"死日本鬼子!"向秀丽扑到妈妈的怀

里。最近几天，她已经学会这样骂了。

这就是向秀丽的家。阶级的压迫和民族的压迫，一起向穷人的身上无情地压下来。父亲向裕德为了维持一家人沉重的生活负担，早已到乐昌县一家商店里给人家做工。母亲为了减轻负担，虽然曾经忍泪打过两胎，但仍然还有一个孩子饿死。现在，摆在面前这饥饿和恐怖交加的日子，叫她怎么过呢？

傍晚，连最后剩下的几家街坊也逃难走了。母亲想了想，把孩子们叫在一起，说：

"锅里早没米了，飞机又炸，这儿不能再过下去了。咱们逃往乡下去谋一条生路吧。"

随手整理一下破破烂烂，——盆干碗净的穷人，实在也没有什么东西好拿，更没什么值得牵挂的。母亲就这样带着几个孩子离开了家。

正是初冬时节，南国的天气还很热，不断地下着大雨。扶老携幼逃难的人们太多了，向秀丽的母亲拉扯着六个孩子在泥滑的路上走着，孩子们也像特别懂事，紧紧地依偎着母亲，一声也不叫。翻山时，雨下得更大了，雷鸣电闪，孩子们被滑跌到山坡下哭起来。母亲坚强地咬着牙说：

"不哭不哭，咱们要到好地方了，就要过好日子了。"

但是哪里会有好日子过啊！前面，更艰难的日子迎接着她们。

她领着孩子们到了肇庆县。举目无亲，间或有人给点吃的，住处是不可能有的了。她领着孩子们只好住到城外一座破烂的祠堂里。晚间，山风吹过，这里冷森森的。不久，向秀丽全家又遭到了新的打击。

日本鬼子发了兽性，驾着飞机，不管城乡市镇，到处狂轰滥炸。有多少无辜的中国人被炸死了！一天，向秀丽的母亲挎着篮子去采野菜，飞机怪叫着飞过去，轰隆一声，一颗炸弹掀起一片黄烟。看那方向，她知道不好，急忙往家里跑，她那在门口玩儿的小儿子已经被震昏得不省人事了。母亲还没来得及抢救他，这孩子就眼睁睁地死去了。母亲和孩子们一齐哭起来。

"妈妈，"向秀丽抹去了自己的眼泪，靠在妈妈身边，安慰着说，"我会做妈妈的好女儿的!"

苦日子煎熬着穷人。向秀丽的父亲忍饥茹苦攒下的几分微薪，从乐昌给他们母子寄来维持生活，但那能顶什么用呢? 孩子们饿得实在不成，到田里去拾稻穗，长工看孩子们实在可怜，背着地主的面给她们多丢下几个。向秀丽看着街上一个大嫂吃着香喷喷的饭，她怔住了。当她的姐姐拉她的时候，她才回家来。她对母亲说：

"妈，咱们什么时候才能吃上大碗饭啊?"

"什么大碗饭?"母亲不明白地问。

这时候，姐姐才笑着把她看人家吃饭看呆了的样子一五一十地对妈妈讲了。妈妈心疼地看了向秀丽一眼，又深深地叹口气，然后，教训着孩子们：

"听话! 往后不能看人家吃饭。自己好好干活，往后会有大碗饭吃的。"

向秀丽羞得脸红了。母亲的这句话，一直深深地记在向秀丽的心里。

冬天来了。夜晚，风从北方吹来，在孤凄凄的破旧祠堂周围呼呼响着。老虎经常深夜里从山上下来，在祠堂附近窥探。白天，孩子们在母亲的周围，又冻又饿，但是，她们挤在一起，也还感到温暖。到了晚间，住在这阴冷的祠堂里，就有些害怕了，肚子也开始饿得抽筋，孩子们呜咽着。

天下穷人是一家，穷人们的心总是被一条线连系着。这时候，村子里一个叫容盛的贫农，发觉到这里住着一户穷人，便把自己家仅有的一罐米分一点儿给她们吃。并让她们搬到自己那半间牛棚里去住。

"这苦日子真难熬啊！拉扯这么多的孩子真作难了。"容盛怜惜着她们说，"搬到村子里好歹要暖一些的。你们只要不嫌棚子破漏，不嫌气味就搬来吧。"

向秀丽的母亲感激地说：

"穷人知道穷人心，只要搬出这阴曹地府的祠堂，我们还有什么嫌呢？"

从此，牛棚就是向秀丽的家。

➡ 难舍难离亲骨肉

★★★★★

日本帝国主义的铁蹄践踏在中国的领土上。这时候，敌占区人民陷在水深火热之中。日本帝国主义所到之处，人民除遭受轰炸、蹂躏和残酷的压迫之外，还要受封建地主的残酷剥削。遇到坏年景，劳动人民更是穷困潦倒，直不起腰来。

这对于照顾着几个孩子的向秀丽的母亲，更是严重的打击。

向秀丽在这样苦难的岁月中，长到9岁了。

向秀丽的父亲从乐昌寄来的几个钱，还在信封里装着的时候，就被当地的恶霸地主摸出来，不顾一家人死活，掖到自己的腰包里去。然后把信撕得粉碎，散布谣言说：

"前几天，乐昌让日本人炸得不轻！"

向秀丽的母亲心跳了，她问道：

"我们孩子的爸爸好久没来信了，他是不是……"

"反正炸弹不长眼睛，谁知道呢，这大概……"

恶霸散布完谣言就走了。向秀丽的母亲几乎被这突然得到的痛苦"消息"折磨倒！有钱有势的坏蛋还要造这样的罪孽啊！就这样，两边不见日头，——向秀丽的父亲因为得不到家里的回信，不知道妻子儿女的下落，以后就断绝了联系。

从此，他们的生活就更加艰难了。

每天吃着稀粥谷糠，地里的芋头根子也不好拣了。这日子实在再也熬不下去了。容盛给送几次米来，最后连他自己也实在饿得没办法。他同情地叹息着，给向秀丽的母亲想了一条路子：

"你的孩子多，寄养出一个去吧，给了好人家，也许不会受罪的。"

向秀丽的母亲吓得哆嗦起来，她说：

"我不能把孩子给人哪！"

可是眼前又有什么办法呢？她这样想那样想，实在没有路子可走，她就决定听容盛的话。她看着面前一个比一个矮的孩子，眼圈红了。她更多的时候是把眼睛停留在向秀丽的身上。她的心里像油煎的一样，好像有许多话要说，可又不敢把那句可怕的话说出来。对于母亲来说，这实在是一句可怕的话啊，她自己想起来都要发抖……

从早上就没吃饭了。傍晚，向秀丽和姐姐拣芋头根回来，她们很高兴，都希望让妈妈也高兴高兴，让妈妈多吃几口。不是吗，妈妈这几天总在发愁。她们悄悄走回家来。啊，母亲为什么眼睛肿了呢？她哭了吗？向秀丽睁大了眼睛，正在发怔的时候，母亲叫道：

"阿丽，到妈这儿来。"

向秀丽过去了。

母亲把她抱在胳膊弯里搂着，还没说出一句话，就用手捂住自己的眼睛又沉痛地哭起来了。

"妈妈,好妈妈,"向秀丽和姐姐安慰着妈妈说，"这是干什么呀，妈妈，不难过。"

孩子们越是安慰她，母亲的心越是如针刺一般地痛。她下了几次决心，这才强制自己露出笑容，说道：

"阿丽，你是妈妈的好孩子，听妈的话吧？"

向秀丽看见今天妈妈的脸上不像平常，她的心里早有点儿慌了，她说：

"妈妈，我听你的话。"

母亲把她搂得更紧说：

"阿丽，好孩子，听妈的话，你就要同妈分开了。你兄弟姐妹多，爸爸又没钱养活咱们一家。好几天也没米下锅了，妈妈不忍看着你们……"

向秀丽还没等妈妈说完，就扯着妈妈的衣角，惊慌地叫：

"妈妈，妈妈！我怕……你说的是什么呀！要把我给人吗？"

"不！"妈妈流着泪说，"你是妈妈的心肝，怎么能把你丢给人呢？妈妈是把你送到别人家去做养女，听妈的话到别人家去，也许还会有顿饱饭吃的。"

向秀丽"哇"的一声哭倒在妈妈的怀里，一家人都围在一处，哭作一团。

做母亲的，为着孩子的一条生命，依照

最善良的想法，把亲骨肉送到地主家去，希望能够得到一顿饱餐。但是贪得无厌的地主，并不这样对待这条幼小的生灵。地主像是对待所有的丫鬟那样，进门先给向秀丽更名改姓，叫容彩兰。接着，向秀丽的苦役开始了。许多的活计都和她的 9 岁年龄极不相称：要她担水，两边的水桶都贴到地面；要她煮饭，却够不到比她人还高的锅台，要用脚蹬着凳子才成。老地主的孙子要她来背着，一会儿哭啦，一会儿闹啦，都要向她问罪。要她放牛，要她下田……。麻脸的地主的儿媳妇，外号叫"豆皮婆"的，更恶毒，一不高兴，就打过来，骂过去。

"死人豆皮婆！"向秀丽在心里诅咒她。

母女心连心。母亲想有更多的机会去探望女儿。但是，地主翻了脸，一年只让她母女见面两次。母亲从街坊那里，听说女儿在地主家里受着折磨，心里像油煎一样难受。好容易盼到春天，她去探望女儿了。

"阿丽，"当母亲看过向秀丽，向秀丽又送母亲回去的路上，母亲问道，"他们欺侮你吗？"

"妈，不要担心！"

"我听说'豆皮婆'净打你！"

"死人'豆皮婆'！"向秀丽一边说，一边用指头在自己脸上戳呀戳的。她想把话题

◁ 向秀丽小时候在地主家里每天干重活，过着挨打受骂的苦日子

岔到别处去。

母亲扯过向秀丽穿的布衫仔细瞧，补丁上摞补丁，已经认不出原来这件衫是什么布做的了。母亲流着泪说：

"阿丽，妈的心里很难受……先忍一忍，好歹破破烂烂混碗饭熬着，妈现在还没有能力把你接出来。"

"死丫头还不回来?！""豆皮婆"已经在后面吼叫了。

向秀丽只好离开妈妈往回走，她怕母亲发现她的眼泪，再也没敢回头看一眼。

向秀丽11岁那年，有一天，她光着脚板担着两桶水往地主家门走去。石门槛高，她正要向门里迈腿，沉重的担子突然往前一耸，她绊倒在地上，只感到右脚一阵剧痛。她捂住自己被石门槛碰得流血的右脚大脚趾，地主却不管她的脚，直骂她不小心，洒了一地的水。

夜里，向秀丽疼得睡不着，她用手捂住脚，

倚着墙，轻轻地哭泣。

"有什么好哭的！"地主把向秀丽吼了一顿。第二天清早，又赶着她下水田。

向秀丽的脚浸了污水，右脚的大脚趾发炎了，肿得像小拳头。不久，化脓、溃烂，里面生了一丝一丝的小虫。这个11岁的小女孩，咬住牙硬挺着，苦水咽在肚里，她的心里多

◁ 地主看从她身上已榨不出什么油水，把她赶出了大门

么想念亲人，多么想念自己的妈妈呀！可是她又怕，怕地主在这个时候把她赶回家，妈妈看见她这个样子会着急的。

脚烂得有味儿了，地主婆从牛棚里拉出一块木板来，哼了一声：

"去！远点儿去睡吧！"

向秀丽的右脚趾越烂越不像样子，她的身上也肿了，连水、饭都不想进口。地主眼看从她身上榨不出什么油水，一粒米也没给，就把她赶出大门。向秀丽伤势已经很重，走进自己的家门，母亲几乎认不出她的女儿了。向秀丽两腿站不住，扑在母亲的怀里哭了，全家又哭作一团。

母亲千方百计把女儿送到一家医院，医生说，唯一的办法只有动手术。母亲思量一下，只得忍痛答应医生，给阿丽锯去一截烂坏了的脚趾。

→ 凄风苦雨驱不散

★★★★★

向秀丽的脚趾锯掉后，因为穷困，交不起住院费，被母亲接到家里来养了。

向秀丽全身变得又瘦又黄，身上的浮肿还没消退，脚趾更是钻心地疼痛。母亲给人家编了一天的席，腰都累得直不起来，傍晚，还得给向秀丽洗脚敷药。看着那半截脚趾，她一边洗一边哭：

"天下穷人受的什么罪啊！阿丽，一辈子都要记在心里！"

"妈妈！我忘不了！"向秀丽说。她为了安慰母亲，强装不痛的样子，微微欠起身子，说：“妈妈，您看我，都会起来了。您歇一会儿吧，我快好了。”

整天吃的是南瓜稀粥，有什么办法呢？这都要出去借呢。邻居街坊看那孩子病得太重，有时给她送来一碗干饭。她吃了几口，就背着母亲，把碗里的干饭拨到妹妹的碗里，让给妹妹们吃了。

向秀丽慢慢好起来，她就同母亲、姐姐们一起给人家编席，这样可以赚几个钱。母亲为了调养她的身体，总是把稠一点的南瓜粥盛到她的碗里。

“阿丽，多吃一口吧，伤会快一些好起来。”

做妈妈的，为了成群的儿女们，饥苦奔波，要操多少心啊！向秀丽看着母亲又瘦又黄的面孔，她怎能咽下这碗稠粥呢？她对妈妈说：

“妈妈，我今天肚子又不好受，什么也吃不下。您吃吧。”

"真的吃不下？"母亲认真地问。

"吃不下。"

"真娇气。吃不下，就上床歇一歇吧。"

第二天，她很早就起床了。街坊的小伙伴们问她："阿丽，肚子还痛吗？"

她不愿意说出那个"秘密"，被他们追问得紧，她才悄悄地说："妈妈整天那么累，我要不叫肚子疼，她肯喝那碗粥？"

在那样的苦日子里，孩子们都很早就懂事了。他们希望母亲少劳累一点，让他们帮助母亲担负一些家庭的重担。两个姐姐很辛苦，每天很早就起来替人家把米担过江，再翻过山岭，挣得几个微薄的钱，交给母亲。向秀丽的脚刚刚好，她就向母亲要求：

"让我和姐姐一起去吧。"

"不成，阿丽，你还要养一养身子。"母亲阻止她。

但是向秀丽继续恳求母亲：

"让我去吧，妈妈，我少担一些。"

第二天，天还很昏黑，向秀丽就爬起来了。她早就预备了一根扁担，跟姐姐一起，挑着担子，经过一片坎坷不平的菜地，上路了。

母亲看着孩子的背影，一歪一歪地消失在黑暗里的时候，又忍不住懊悔起来，真不该把阿丽也放出去呀！

母亲和最小的孩子留在家里编席，母亲的心已不在家了，她担心着在这不平静的年月，去担米的孩子们会不会在路上出事，会不会遭到万恶的日本飞机的轰炸。遇到天气不好了，一阵雷一阵闪的，她又担心孩子们过江的时候，船会不会被波浪卷走，病刚好了的阿丽会不会被雨淋着……

◁ 向秀丽的脚刚好，就跟姐姐们一起替人担米

孩子们为了帮助母亲挣那一口饭吃，每天出入家门都是不见太阳。天黑好久了，有的人家已经睡熟，母亲还倚在门边，眼巴巴看着清早孩子们走去的那条坎坷不平的路。好容易盼得女儿们回来了！

向秀丽身子小，又瘦弱，路上不断跌跤，回到家里的时候，满身都是泥水。母亲看着心疼：

"滚成泥猴样了，唉，是怎么跌的呀！"她赶忙找件破衫给她换上。

向秀丽闭着嘴一句也不说。

姐姐们笑着告诉妈妈："她尽往前抢路，比我们跑得还快，路上滑溜溜的，有时翻下山坡，还不滚成泥猴？"

"明天我可不放你去了！"母亲说。

"不，我去，我去！"向秀丽赶忙央求母亲，"妈，我行，我能跟上姐姐，让我去吧。"

母女们在这样的凄苦日子里，一天一天地煎熬着……

中国人民在中国共产党的领导和号召下，在毛主席正确的战略和战术的指导下，给日本鬼子以致命的打击！苏联红军出兵东北，一举击溃了日本关东军，日本侵略者终于宣告无条件投降了！全中国人民欢欣鼓舞，都指望从此能够过上太平日子。向秀丽的母亲，也在欢庆抗战胜利欢呼声中，领着一群孩子，回到已经住过四辈子的广州。

热心内战的国民党蒋介石集团，却乘机窃取了人民斗争的胜利果实。广州，也和所有国民党反动派统治区一样，刚打垮了日本鬼子，美国兵又顶了上来。美国人开着吉普车，在大街上横冲直撞，"中央军"如狼似虎，到处搜刮民脂民膏，人民又陷入了水深火热的灾难中……

广州虽大，可是没有穷人的立足之地。

向秀丽全家挣扎在饥饿线上。这时候，她的父亲虽然找到了他们，生活却仍然一样困难，他只好在街上摆个小桌子，给人家代写书信；哥哥在旅店里做打杂工；母亲和姐姐们给缝衣店钉纽扣。为了挣碗饭吃，母亲也不得不把 12 岁的向秀丽送到一家火柴厂去给人家装火柴匣。全家人就是这样苦拼苦做，还是吃不饱饭。

穷人们最注意的，是米店里柜上的那张牌价签子。那块使穷人发抖的牌价签子！

早上，母亲把全家苦苦挣来的几个钱交给向秀丽的姐妹。叮嘱她们："到米店里去买几斤米，回来吃顿饱饭。"

孩子们一会儿便有气无力地跑回来：

"妈妈，米又涨价了，这几个钱连一斤米也买不上。"

"啊?！昨天夜里还是……今天又涨得这么快?"

母亲望着身边的一群孩子，惊得发呆。

腐败的国民党政府，他们哪里管穷人的死活，他们向市场抛出了大量废纸般的纸币，先是法币，后是美金，继而金圆券，面值是惊人的！

一个姓陆的表姨妈，把向秀丽领到和平

药厂去做工了。

　　和平药厂的资本家，以极少的工资在这个13岁的小孩子身上榨取油水。向秀丽每天干活10个小时以上，被指定做最苦的差事。两只手整天要泡在药水里洗涮药瓶和器具，她的手皮裂开了。母亲很心疼女儿，不断地问长问短。向秀丽总是把手藏起来，从不向母亲吐一个"苦"字,她只说:"妈,不要担心。"

　　不久,资本家嫌向秀丽年纪小,油水不多,把她解雇,推出了工厂大门。向秀丽空着两手,走回家来……

　　这就是向秀丽的苦难童年。

　　在那天昏地暗的社会里，向秀丽和她同时代的人民一起，受了民族和阶级的双重压迫。但也就在这凄风冷雨中，一颗阶级仇恨的种子，开始在她的心里萌发。

青春在阳光下闪亮

磊落光明向秀丽
扶危定倾争毫厘
一身正比泰山重
风格知斯世所师

纪念向秀丽同志　林伯渠　一九五九年六月七〇

→ 带头加入药厂工会

★★★★★

向秀丽长到 15 岁，又到和平药厂去做工了。

1949 年春，人民解放军百万雄师飞渡长江，挥戈南下，国民党反动派的军队望风披靡。大军先后解放了南京、上海。10 月 14 日，广州解放了。

向秀丽和全家人都在屋子里。只听见街上传来震耳的欢呼声、歌声，这歌儿听起来多好听啊！向秀丽在屋子里待不住了，她要出去看看。

"回来！"母亲拉住她的胳膊，"你不怕枪炮！"

"妈妈，我找李玉同我一道去。"向秀丽请求着母亲。

母亲让秀丽出去了。

向秀丽找了街坊女伴李玉，手牵手一直走到街上，她们目不转睛地看着浩浩荡荡的大军迈着整齐的步伐，川流不息地从大街上通过。

李玉说："阿丽，你看解放军都穿得这么破旧！"

向秀丽说："听说解放军是为穷人打仗的。翻山过海的，够辛苦了，衣服哪会不破旧？"

向秀丽和李玉觉得解放军很和气亲切，一直跟着队伍走过好几条街。

傍晚了，她欢欢喜喜地走回家来。母亲略带责备地说：

"傻闺女！你的胆子真不小！"

向秀丽说："妈妈，解放军真好，待老百姓可亲啦。"

广州从此发生了很大变化。在中国共产党领导之下，广州和解放了的全国各地一样，出现了一派生机勃勃的景象。物价开始稳定，秩序建立起来。随后，便开始了国民经济恢复阶段。人民生活安定，广大群众的觉悟在党的教育下提高了。向秀丽的父亲、哥哥和姐姐们都有了工作，被饥饿和失业威胁的日子结束了。母亲最高兴，每天早晨，当她把孩子们送出家门，看着他们向工厂走去，她心里是多么欣慰！谁也没有比饱受过苦难煎熬的母亲感受得多啊！不久，她参加街道工作了。她随时都劝导着子女们：

"不要忘本，听毛主席的话。"

向秀丽也常常乐滋滋地对别人说："要不是共产党来了，我家里哪里能过上今天的好日子！"

1950 年 6 月，万恶的美帝国主义发动了侵朝战争。刚开始过上好日子的向秀丽全家都很气愤。向秀丽很早就起床了,她告诉母亲:

"妈妈，我今天要去参加大游行!"

"去吧!"母亲赞成地说。

向秀丽高兴地拿着"反对美帝侵略朝鲜"的标语旗帜，跟随着示威游行的队伍，热情

◁ 广州解放了。向秀丽常对弟弟妹妹们说:"这都是共产党给我们的幸福。你们要好好地用功。"

地呼着口号，直到天黑。

那时候，向秀丽还在和平药厂做包装女工。这个药厂的资本家十分顽固狡猾。这是个只有十几个工人的小厂，厂子里的工作人员，除了向秀丽和另外一个工人外，其余都是资本家的亲戚，和资本家都有"五同"关系。资本家一心想要把工人圈在他的大门里，阻挠他们接受党的教育和新鲜事物。人们管这个药厂叫做"高家祠堂"。

不久，周围的其他几个厂都成立工会了。资本家迫于形势，便狡猾地想出办法混淆工人群众的视听。一面诬蔑"工会只收会费，不办事"，一面假惺惺地把他的小老婆也拖出去"申请"入会。这就使得向秀丽和其他工人们对当时工会的性质有了模糊的看法。

但是，党区委派出的工作队来到厂里，要在和平药厂把工人发动起来。他们首先找到向秀丽，及时地给她讲清了工会的性质、任务，并且启发她的阶级觉悟，讲述新旧社会的对比。向秀丽想起解放前苦难的日子，她暗暗地想：共产党解放了我们，我应该积极工作。工会是我们自己的组织，应该参加。于是，她就向工作队的谭文炳同志提出："谭同志，我要求入会！"

整个工厂里，这是号角第一声！

向秀丽入会以后，工作队的同志不断地找她谈话。她原来还是一个在生人面前不爱说话的姑娘，现在她的心里像有一股热流激荡着。她待不住，在工作队的指引下，积极奔走，发动群众。这就引起了资本家的惊慌：一向比较沉静的向秀丽，为什么现在这样积极？他又恼又恨。他找到向秀丽，满脸的不高兴，说：

"向秀丽，你入会是你的事，不要带坏别人！"

向秀丽盯住资本家的脸，说：

"我入会是我的事。可是，我们是工人阶级，我们就是要团结一心的！"

　　资本家这一恐吓行动失败了。工厂里参加工会的人越来越多，资本家这时候更慌了，就想用软的办法来动摇向秀丽。他把向秀丽找去，做出很"关心"的样子，说：

　　"阿丽，请坐。"

◁ 向秀丽成为第一个要求加入工会的人

向秀丽答：“有事说吧。”

“你以为我不愿意你入会吗？”

“谁知道你呀！”

“不要把人想得太坏吧。”资本家淡淡地笑道，“我是想，你这样年轻，太辛苦，会累出肺病的。”

向秀丽说：

“不怕，什么苦我都吃过。”

资本家慢慢地把他的中心意思露出来：

“阿丽，你家里人口多，比较困难，我想给你一些补助，打算给你增加一些工资。你看怎样？”

向秀丽看着风势不对头，就站起来，说：

“增加工资，我欢迎；我们工人很辛苦，你增加工资，那是应该的！不过不应该只增加我一个；要全厂工人都增加，如果这样，就增吧！”

当时她还没有完全猜透资本家葫芦里卖

的是什么药，她马上去找工会主席，经过工会主席帮助分析，她才弄清楚迎面冲来的是一颗"糖衣炮弹"！年轻的向秀丽从此又增添了一分斗争经验。

新的斗争又在她的面前展开了。

药厂里的工人群众已被发动起来。这时候，工作队酝酿在厂里选一个工会的组织委

▷ 向秀丽拒绝了资本家的"糖衣炮弹"，她坚定地说："我们工人阶级就是要团结一心。"

员。工厂里许多工人都希望选上向秀丽。可是也有少数的落后群众提出要选另一个姓高的男工，这个人和资本家有亲戚关系，立场不稳，平时爱出点风头，迷惑了一部分群众，向秀丽当时对他也还认识不清。工厂里当时有个坏分子,在厂里制造混乱气氛,搅乱人心。向秀丽在政治上毕竟还幼稚，正在酝酿要选组织委员的时候，她找到工作队的同志，怯生生地说道：

"同志，我有点儿事情，想来谈谈。"

"什么事情，你说吧。"工作队的同志很和气地接待了她。

向秀丽说：

"我没有工作经验，又没文化，没有别人那样会说会写，大家不要提名选我吧。"

"大家信任你，愿意你来为大家办事。你说，不要大家来选你，那选谁呢?"工作队的同志问她。

"选高某也可以嘛。"向秀丽说。

"为什么选他?"

"他比我能干。"

"能干吗? 他为谁干呢? "

这一问, 可把向秀丽问住了。

工作队的同志耐心地告诉她∶"那是表面现象! 为了工人阶级的利益, 我们要选政治立场可靠的人! 你提出的困难我们是知道的。你想, 不具体做一做工作, 不亲自参加斗争, 工作经验怎么会得来呢? 文化也是在锻炼中提高的呀。"

经过工作队的启发, 工人阶级的责任感促使向秀丽勇敢地站起来, 最后她表示说∶

"我认识得太浅。那我一定听上级的话, 好好干。"

经过一场斗争, 坏分子的气焰被打击下去。向秀丽被工人们选为厂里的工会组织委员, 不久, 又被中区组联选为女工委员。

→ 重担在肩

★★★★★

向秀丽刚刚担任社会工作，经验办法还很少，但是她有一颗火热的心。

凡是她认为自己干得了的事，不管事大事小，她都默默地去做。有的时候，工会委员会散了会，有人叫她：

"走吧，阿丽。"

她总是笑着打发别人："你先走一步，我待一会儿就走。"

人都走完了，她不声不响地在那儿搬搬凳子，擦擦桌子，洗洗茶碗，扫扫地，把屋子拾掇得整整齐齐、干干净净，然后离开那里。每每熬到深夜才回家。回到家里，怕打搅母亲，自己悄悄地盛一碗凉饭，用淡茶泡一泡就吃了。

那时，向秀丽在工厂里做包装工，是领计时工资的。由于她经常要请假到外面去做工作，减少了收入。每月由 40 多元减到 20 多元。有人问她：

"阿丽，你受得了吗？"

"什么？"向秀丽反问别人。

别人提醒她：

"你的工资越来越减少了。"

"不要紧。"向秀丽没事似的，微笑着说。

人家劝她："阿丽，你可以打个报告，向工会申请补助。"

向秀丽摇摇头说：

"不！我家解放前连粥也吃不上，今天能有饱饭吃，不愁冻饿，心里不知怎样高兴呢！即使工资再减低些，也比从前强多少倍。"

向秀丽常常在下工以后，找工人家属们谈心。那时她是组联的委员，要联系的单位有十几个厂，她腿勤，渐渐地和工人家属都搞熟了。谁家的女人叫什么名字、有几个小孩，谁家的女人坐了月子、有什么困难，她都知道。有些小孩子一见到她，就叫她"大姐"，嚷着要她抱一抱。

　　一天，她从一条巷子里走过，听见有人在吵嘴。她向那方向看了一眼，知道那是甄家夫妇在吵呢。她忙赶过去，把那个男工拉开。然后坐在那个女人旁边，细声细语地说：

　　"阿嫂，不要生气了。"

　　那女人气愤地说："你不知道，他多让我生气！"

　　向秀丽拉住她的手说："应该过得高高兴兴的嘛，为什么生气呢？"

　　女人看向秀丽这样温和，心里得到安慰，反倒委屈地哭起来，道：

"你看，家庭挺困难，他开了工资就只顾自己喝酒，家里柴米油盐他都不管。回来就向我寻事。"

女人捂住脸，低声呜咽着。

向秀丽搭着她的肩膀，劝道：

"阿嫂，不要伤心。我们回去研究一下，尽量帮助你们解决困难。"

向秀丽又出来劝解了一番姓甄的工人，急急忙忙赶到厂里。她找到工会的福利委员，把情况向他反映了。工会决定帮助这家15元，让向秀丽送去。向秀丽怕那姓甄的工人又会把这笔钱胡花掉，便急忙到街上用钱买了米和盐，亲自给甄家送去。甄家的两口子激动得不知说什么好，拉住向秀丽的手说：

"阿丽，怎么谢谢你呀！"

"快别这么说。这是工会补助你们的。"向秀丽说，"你们两口子今后也要有计划开销才好。"

经过这一次调解以后，甄家夫妇日子过得和顺了。

工作越来越艰巨，对向秀丽的要求也越来越高。向秀丽很心急，昨天自己刚刚担了一挑土，她又恨不得今天能挑半座山。有时又怨自己本领不大，一阵子一阵子产生着苦恼。

向秀丽见工会主席谭文炳的文化水平也不高，可是很能干，她很羡慕地问谭文炳：

　　"谭同志，你为什么懂那么多道理呢？"

　　谭文炳告诉她：

　　"我本人并没有什么了不起的地方，不过是按照党的指示办事。处处多听党的话，多同群众商量，自己还要多想、多写、多记、多发言、多学习。这样，慢慢就会锻炼出来。"

　　她睁着一双大眼睛，静静地听着。她逐渐明白：一个人只要肯干，就可以为祖国做许多好事。但一个人的力量毕竟是有限的，走不远，飞不高，犹如一条条小渠，如果不汇入江河，永远也不会汹涌澎湃、一泻千里……。是啊，做工作，要紧紧依靠党，依靠群众。

　　"五反"以后不久，厂里出了一件事情。有一个兼药师的大股东，他对党的政策不满，借故提出无理要求，要工厂添购一批价值几千万元（旧币）的分析天平、全部嵌玻璃板的柚木试验桌等器材，扬言没有这些东西就不能继续生产。并且自行停止了配料。当时，几乎使全部生产停顿，工人们愤怒极了。

向秀丽当天就把情况汇报给上级工会。工会领导帮助她分析了情况，给她布置了任务，并且一再强调，要充分发动工人群众和资本家进行合理的斗争。

向秀丽首先找了几个工会积极分子，面对面地同药师说理。药师却摆出一副瞧不起别人的样子，不肯老实地认错。于是召开了一次职工大会。

这次大会也允许资本家的女儿和药师的女儿去听。开会了，一些工人发言以后，向秀丽站起来，因为抑制不住激动，脸都涨红了。她说：

"药师要买这个要买那个，这是无理的要求！没有那些高贵的器材，厂里就不能进行生产吗？为什么以前厂里没有这些器材，一样能够生产？"

向秀丽说完，大家马上就说：

"问得对！"

有人补充道："别的厂没有那些高贵器材，也没关门，一样生产！"

整个会场都沸腾了：

"这药师就是心里不怀好意，想使国家遭受损失！"

"想让咱们失业！"

这时，向秀丽接着说：

"很明显，药师是想仰仗技术欺负我们，我们工人有觉悟，他绝对欺骗不过去！既然没有新器材也一样生产，为什么药师要停止配料？这样下去，影响了生产，影响了我们职工的生活，问题应该归到谁的身上？"

大家一致说：

"药师！"

"药师! 大股东!"

这次大会，显示了群众的高度团结，向秀丽全身充满了力量。会后，她向领导汇报了情况，又去找那药师。这时候药师已从他女儿那里听到职工大会的风声，他自知自己无理，狡赖不过，所以，当向秀丽第二次找他交涉的时候，他的态度变得温和多了：

"向秀丽，请坐。有什么事请谈吧。"

向秀丽说："我们还是谈你的问题。"

药师放下了架子说：

"不用谈了，我不对。"

第二天，药师就恢复了工作。

向秀丽就是这样，在党的指导下，在工人群众的支持下，积极热情地做着工作。这个本来懂得革命道理不多的女孩子，在逐渐成长着。

→ 不"枉食人民米"

★★★★★

向秀丽感到肩上的担子越来越重了。有好几次，区上叫她去开会，她在会上听负责同志作报告的时候，觉得这部分重要那部分也精彩，笔记记不下来，只好凭脑子记了一大堆；开完会，在路上想想，又落掉一大半；回到厂里向大伙传达，已经稀稀拉拉的了。她真怕看台下那一双双的眼睛！心里越慌，落得越多。

饱受过旧社会痛苦的老工人，总是用慈爱的眼光看着她、安慰她：

"阿丽，慢慢想，想起来再说吧。"

有些不懂事的"小淘气"同她开玩笑：

"丽姐，你唱的歌比讲的好听，你还是给我们唱支歌吧。"

向秀丽心里像被针扎一样。

隐藏在她内心深处的自卑感又把她干扰得坐卧不安了。有一次，向秀丽和她的女友古绮霞一起走着，古绮霞见她闷闷不乐，问她：

"阿丽，你怎么了？"

向秀丽说：

"古仔，我很苦恼。"

"什么事？"古绮霞关心地问她。

"我的文化太低，开会不会做笔记，靠脑子能够记得几成？贯彻上级指示不好，对不起党，有时我想还是不担任工会工作好……"

古绮霞亲切地说："这是党交给你的工作，怎么能这样说呢？文化低可以下决心学。

古时不是有个愚公吗？"

静静地听古绮霞讲完了愚公移山的故事，向秀丽沉思了好一会儿说："愚公是愚公，我怎么——"

"咦，你就不可做个愚婆？"

两人吃吃地笑着扭作一团。

向秀丽忽然挽住古绮霞的胳膊说：

"古仔，说正经的，你文化比我高，教教我，好不好？"

"哟！"古绮霞说，"我能比你高多少！"

"不要客气，哪怕你比我多读半年书，我也向你学。"

从此，她们订了一个不成文的"教学合同"。

1953 年 11 月，党为了培养向秀丽，给了她一个很好的学习机会，把她调到中区工会干部训练班去学习。

向秀丽心里多么感激党啊！她回到家，把这个好消息告诉了母亲。

"妈，我要上训练班！"

"什么?"母亲没有听懂。

"上级要调我上训练班去学习!"

母亲乐了,说:

"勤奋地学吧。早先该你读书的时候,家里饿得慌,没钱把你送到学校去。"母亲指着旁边的小妹妹说:"越小的,越赶上了好年月,饿不着,冻不着,有书念,有处玩,整天无忧无虑的,真够福气。"

向秀丽高兴得把妹妹搂过来,轻轻摇着说:

"我小时候看人家背书包,羡慕得要死。如今你姐姐也背书包啦。"

向秀丽高兴得一夜也没有睡好。第二天早晨天没有亮就爬起来,赶到工会干部训练班去报到。

编了小组以后,这个小组里只有她一个是女同志,年纪又最小。她看看组里那些同志,都是有经验的干部,谈起工作来都有一套。她的心里真羡慕，心想什么时候能够赶上人家呢? 入学的第一天，小组里漫谈入学感想时，别人都说完了，她还没发言。有人提议：

"该那位姑娘发言了。"

又有人问："你叫什么?"

"我叫向秀丽。"向秀丽被"形势"逼得没办法,惊慌得站起来说:"我的心里慌……也没有经验。"说着说着脸就红了。

小组长鼓励她说：

"不要紧，讲不好慢慢练嘛。随便谈谈吧。"

向秀丽这才说："这次脱产学习是我生平第一次，真怕学不好，我真怕辜负党，枉食人民米。……完了。"

大家都被向秀丽的诚恳态度所感动。有人问：

"你有什么具体困难吗?"

"有。"向秀丽在自己的同志面前，坦白地说，"我的文化低，单靠脑子记是不行的，可又跟不上记笔记。"

小组里的同志都表示："我们会帮助你。"

　　当她知道组织上为了更好地培养她，指定小组里的黄志明同志帮助她时，她高兴得不知说什么才好。第二天很早，她就独自坐在位子上，手里拿一本新笔记本，在那里像想什么，又像很着急，不时望着楼梯口，一会儿，黄志明同志来了，向秀丽高兴地跑过去，把笔记本交给黄志明，说：

　　"黄同志，我买了新笔记本，请你把昨天伍同志讲的目前形势抄在这笔记本里吧。"她多么渴望黄同志回答。

　　"好！"黄志明很爽快地答应说，"我很快就给你抄好的。"

　　向秀丽就是这样，每天都早起晚睡，上课时，记不下笔记就用心听，不课后，求别人帮助整理好笔记，连夜地钻研。她把不明白的问题、不认识的字都提出来，请同志们帮助。她下了决心："小的时候没机会学习，现在不多下些功夫还等什么！"

果然，学习班结束时，向秀丽受到了学习班的通讯表扬。她在小组会上谈结业感想时说：

"今后我一定要更加听党的话，更积极工作，多同群众商量，不害怕批评。如果有畏难自卑情绪出现，就应该回想一下党的组织如何教导自己，自己在这里又说过什么话。"

正由于她时时挂记着不要"枉食人民米"，有强烈的求知欲，所以她才不放弃任何一个好时机，充实自己，向时代潮流的前头猛追猛赶。

不久，团区委为了培养她，也批准了她参加青工业余训练班的团课学习。

上团课已经是她生活中的一件大事了。白天，她不知疲倦地搞生产和社会工作。晚间，团课她是一次都不丢的。

有一次在青工训练班听完了卓娅的故事。回来的路上，静悄悄的，向秀丽和古绮霞一同走着。向秀丽默默地没说话。古绮霞问道：

"阿丽，你在想什么？"

"嗯？"向秀丽仿佛没有听到古绮霞说什么。

"在想什么问题？"

向秀丽缓缓地问："古仔，真有卓娅这个人吗？"

"怎么没有？她母亲现在还在苏联。"

"卓娅为什么会那么勇敢呢？卓娅被德国鬼子夜里推着在雪地上走，为什么赤着脚一点儿也不怕冻？"

"你看看《卓娅与舒拉的故事》那本书就会知道，卓娅是个多么坚强的人！"古绮霞说，"卓娅也不是天生不怕冷，是她眼看祖国被敌人蹂躏得那个样子，恨得要命，在敌人面前就什么也不在乎了。"

向秀丽被这个女英雄的事迹吸引住了。当天，她就从古绮霞那里借来了《卓娅与舒拉的故事》，连夜读起来。

"卓娅真了不起，小小年纪就干得这么好！"

接着，她又如饥似渴地读了《把一切献给党》、《钢铁是怎样炼成的》等英雄故事。

在那些日子里，向秀丽主动地向熟悉的工友们提出话题，她津津有味地向他们讲述一些英雄故事里最难忘的情节，讲完以后，她总是声音琅琅地传播着这样一句话：

"自私自利者，好像乌龟在阴沟里爬来爬去，爬不上来……"

汕头机械修配厂青年工人罗木命，到他们的青工训练班作报告来了。

这是一个在一次电石爆炸的时候，双目被夺去光明的人。

罗木命被人搀扶到讲台前，开始讲话了，全场的人都聚精会神地听着。他引用事实，回答那些为他残废后的前途担心的人们：

"我眼睛不管用，可是我下决心用脑子代替眼睛的工作。"

他虽然看不清任何一个听众，但他是多么热情地为听众讲述党怎样帮助自己克服困难，继续取得工作条件！他不仅出色地完成了一般的工作，而且还在学习和追赶王崇伦！他仔仔细细地把一把钢刀装在电钻上，来刮光水碗的表皮，第一次试验结果，就比一般实行手工操作的人提高劳动效率三倍多!

春天不会辜负辛勤的蜜蜂，蜜蜂到处都可以找到百花丛，酿制最好的蜜；我们这英雄辈出的时代，给力求上进的人以极大的便利，他们到处都可以汲取前进的动力。

向秀丽在党的启示下，愈来愈注意向群众特别向先进人物学习。她常常被许多英雄事迹激动得不能入睡。她深深地感慨："我比起他们来真是连百分之一也不如！"同时，她又下了决心，要坚定不移地跟党走，要坚持不懈地向英雄们学习。她在自己的笔记本上写了一段她十分喜爱的豪言壮语：不管什么雨暴风狂，山高水险，都要跟着红旗前进，冲破困难！

厂里搞工资改革了，这件事牵涉到每一户、每个人。其中，家属工作，显得更复杂更"麻烦"。向秀丽担任女工委员，是最容易招惹意见的。但是她任劳任怨地干着，在这个时期，她经常开会至深夜。党区委派来进行工资改革的女干部高叶莲，怕向秀丽深夜回家路远不便，就邀向秀丽和她住在一起。向秀丽答应了。她很愿意接近高叶莲，有事总喜欢找她谈，两个人渐渐熟了，就互相称呼"老高"和"阿丽"。

这是一个寂静的夜晚，珠江的渔火渐渐稀疏，市里车辆已经休班，街上偶尔传来一阵拖板鞋的声响，由近及远。

高叶莲打了个哈欠准备上床，她忽然发现向秀丽右脚大脚趾只有半截，好奇地问：

"阿丽，那脚趾怎么搞的？"

向秀丽的眉头顿时紧紧皱拢了。

她倚在高叶莲身旁，讲述了那段苦难的童年……她深沉地舒了一口气，说：

"那死人'豆皮婆'，要不是嫌我的脚烂得生虫，不能替她做牛做马了，妈妈想赎也赎不回来！哼！"

"'豆皮婆'是谁？"高叶莲问。

"地主的少奶奶啊。在旧社会里，受苦的何

尝只有我向秀丽一个人，压迫者也不只地主'豆皮婆'一家，是一个阶级对另一个阶级！"

"对！"高叶莲紧接着说，"这是阶级斗争。要使自己的阶级和全人类彻底解放，必须有领头的，要有共产党做领导，青年团当助手……"

向秀丽听高叶莲提到"青年团"三个字，她沉默了好一会儿没做声。

"阿丽，睡着了？"高叶莲推了推她。

"没有。"向秀丽透露了心底的一个"秘密"，"老高，每逢星期五晚上，我心里就发慌。"

"慌什么呢？"高叶莲问。

"团员都去过组织生活，我还在团外面……"

"你对入团的事情有什么看法呢？"

"我想参加到团里。一个人的力量是小的，和同志们一起受教育，一起干，力量才是强大的……"

高叶莲答应第二天借《怎样做一个青年团员》、《团课基本教材》等书给她看，还帮助她分析了优缺点，鼓励她以实际行动争取入团。谈着谈着，夜深了。

两人都准备睡去，向秀丽忽然转过身来，说：

"老高，每逢星期六晚上，我就烦。"

"怎么，又烦起来了？"

"星期六下了班就有人约我去看电影，去珠江边玩儿。我真不知道怎么办才好。"

"谁找你呀？"

"哎呀，你不要问得这么细了，好不好？"她凑近高叶莲的耳边，悄悄地说："老高，你帮我在外边放个风声，就说阿丽下了决心，要集中精力学习，她现在不谈那个。"

"什么'那个'，——恋爱吧？"高叶莲把话接过去。

秀丽羞得把脸藏到被窝里去了。

我们的"滋悠丽"

★★★★★

　　青年团像一块磁石，紧紧地吸引住向秀丽的心。她迫不及待地找到古绮霞说：

　　"绮霞，我对你有个要求，你愿意答应我吗？"

　　"什么事，你快说说吧。"古绮霞看到阿丽的脸上掠过一阵绯红，感到奇怪。

　　"我想入团，你愿意做我的介绍人吗？"

　　"阿丽！"古绮霞高兴地握住她的手说，"可以，可以！"

古绮霞详详细细地告诉向秀丽申请入团的手续，借了介绍青年团基本知识的小册子给她看。

　　在组织的帮助和培养下，向秀丽的思想和工作都有了突出的进步。1954 年 11 月 28 日，向秀丽终于光荣地被批准入了团。

　　向秀丽自从加入青年团以后，她的精神更加焕发了。组织对她的要求也更高了。向秀丽的心里很明白：在火热的斗争中，她再不会单枪匹马地冲锋陷阵，而是作为青年团这个光荣的集体的一分子而战斗。她也很明白，自己的进步也是和群众的帮助分不开的。她想，今后经常用党的思想去影响青年群众，是自己的光荣责任。

　　向秀丽继续担任基层工会的女工委员。她经常要联系 11 个厂子。虽然人们很少发现她在大庭广众中间讲话，但是人们经常看见她和三五个工人一起，轻声细气地交谈，讨论职工中当前一些迫切需要解决的问题。工人们很喜欢向她谈情况。

　　有些工人称赞她那种文静、沉着的性格，管

她叫"滋悠丽"。

"滋悠丽，来啊，我们来谈谈天。"工人经常这样亲切地叫她。

"好。"向秀丽微笑着，就和工人融洽地谈起来了。

她从来都不放过那些细小的、实际上抓

起来又很解决问题的工作。有一次，她听说寿康药厂有一个新进厂的女工，叫谢近，是个刚死了丈夫的寡妇，这人平时工作积极，思想进步，热心参加社会活动。她很希望参加工会，但是厂里有个别人小看她：

"你刚来，参加什么？"

谢近的积极性受到了打击，情绪开始低落。向秀丽知道了这个情况，就马上跑到寿康药厂，找到工会的组织委员何大苏，对他说：

"要赶快想办法把谢近的劲头重新鼓起来。"

"好！"何大苏是个直性子，谈完了马上就到谢近家里去，向谢近劝解一番，折转来又对轻视谢近的工人提了一通意见。他刚刚走开，又有些落后群众偷偷地指着他的脊背，散布风言风语了：

"大苏这小伙子还没有结婚吧？"

"谢近又想找丈夫啦！"

这样，弄得谢近更不敢抬头看人，只是躲在家里暗暗哭泣。何大苏再也不好意思到谢近家里去了。向秀丽心里也着急，下工了，她也不休息，就跑到寿康药厂去，亲自找到一些爱说闲话的工友。

"滋悠丽来啦！"

"秀丽同志，什么风把你吹来了？"

大家一见向秀丽，感到分外亲切。向秀丽和他们亲切地谈到生活和工作，然后把话题引过来说：

"咱们工人，过去都是受压迫的人。现在在党领导下应该互相关心才对。咱们内部不团结，伤和气，谁乐呢？还不是资本家吗？谁吃亏呢？还不是咱们工人自己吗？"

向秀丽诚恳的一番话，把大家都感动了。爱说风凉话的人不好意思地低下了头。

向秀丽转过头来，又找何大苏。何大苏一肚子不高兴：

"阿丽，你还要我去受冤枉气？"

向秀丽轻声劝他："老何，怕困难了？要

搞工作，哪个人前人后不听点意见，真金不怕火炼，好歹总会弄个明白。"

大苏再也不反诘。秀丽接着说：

"你如果能够把谢近的劲头儿发动起来，我们工作就增加了新的力量。"

何大苏又来到谢近的家。他诚恳地说清来意，并且劝她主动帮助有困难的工友缝缝补补，相互多熟悉。果然不久以后，大家都了解了谢近，谢近也加入了工会，工作和社会活动中都是活跃分子。大家团结得很好。

接着，又来了一件"麻烦"事。

何德森，这个小伙子性情很暴躁，火一上来就不管你三七二十一！厂里好些人都不愿和他接近，资本家暗地里龇牙咧嘴地笑了。向秀丽看到这种情形，心里很不安。在团组织生活会上，她自告奋勇地要求帮助何德森。团支部同意了。

向秀丽高高兴兴地去接近何德森。

"何德森，我想随便和你谈一谈。"向秀丽和蔼地说。

"来教育我吗？"何德森袖子一甩就要走。

向秀丽被何德森这个态度弄呆了。一连几次，向秀丽也没有和他说进话去。向秀丽并不灰心，她从各个方面去了解何德森。后来，发现何德森有个特点：喜欢跳舞。

向秀丽一想，有门了。可是，自己并不会跳舞呀。她问一个工人："跳舞能速成么？"那人回答得也妙："师父领进门，修行在个人。"向秀丽下了决心，没多久，她就学会了跳舞。

开晚会的时候，她也去参加了。一进舞场，向秀丽用眼睛四处寻找何德森。何德森就在那边！她就邀他一起跳舞。

他们边跳边谈着。

"你跳起舞来真够和气。"向秀丽轻轻地称赞他一句。

"跳舞不和气，人家还能请我！"何德

森笑了。

向秀丽说："你平常也这样多好！"

何德森说："我平常有时也不算太坏吧？"

向秀丽说："有时的确不坏。忘啦？耍脾气的时候，扔碟子甩碗的，是谁？"

何德森难为情地摇摇头。

这回是何德森自己提问题了：

"我这坏脾气，事后自己也知道，可是改不掉。江山易改，本性难移！"

"拿出我们工人的本色来吧！有志气，说改就改！"向秀丽诚恳地劝导何德森，"工人不团结，资本家才高兴咧！"

何德森想了一会儿，轻轻地诚恳地对向秀丽说：

"希望你今后多帮助我！"

从此向秀丽经常帮助何德森。又经过组织不断的帮助，后来，何德森转变成一个很好的工人，还加入了青年团。

工人们都喜欢向秀丽。厂里资本家却一直把她看成"眼中钉"，总要暗地里对她搞一些鬼蜮伎俩。

厂里有个坏家伙，曾经参加过国民党，解放后一直对新社会抱着不满情绪。后来又因新的问题被政府依法扣押，经过一段时间释放出来。他回到厂里，找资本家说，扣押两个月，要补发两个月工资。资本家正乐得有这么一个好机会，趁势就往工会那里一推，说道：

"老兄，何不先去找向秀丽谈谈，如果他们工会同意，我当然可以发喽。"

资本家心里很清楚：工会是不会答应这人的无理要求的。这样，这人就势必会和工会吵起来，他好看热闹。

坏家伙真的找向秀丽来了。见面就摆出一副"讨债"的铁青脸说："补工资！"

"你要补工资？"向秀丽冷冷地看他一

眼。

"对啦！"坏家伙恬不知耻地说。

"你说说是为什么被扣的？"向秀丽又紧接着问一句。

坏家伙找不出理由回答，就要无赖：

"我要，为什么不给？"

向秀丽严肃地质问他："你被政府逮捕的两个月里，为工厂干活没有？"

坏家伙被问得结结巴巴答不上来，就又要起了流氓习气，"啪啪"地擂着案子。

向秀丽目光炯炯地逼视着他，坚定地说：

"你不要再来这一套！你是怎样的一个人，我们清清楚楚，你当然不应该领这份钱！"

坏家伙哪里想到，会在这个斯文模样的女孩子面前，碰了这样一个硬钉子！他只好斜着肩膀，拖着鞋走了。资本家原来是等着瞧热闹的，结果，反而自己挨了一闷棍。

→ 家里家外都是贴心人

★★★★★

　　1955 年 7 月，毛主席作了《关于农业合作化问题》的报告以后，全国广大农村掀起了一个波澜壮阔的农业合作化运动，接着全国范围内，私营工商业的社会主义改造工作也跨进一个崭新的阶段。广州市沸腾起来了，大街小巷，到处锣鼓喧天，布扎的狮子在爆竹硝烟中欢舞，报喜队把合营申请书送到区委会、市委会上……

　　和平药厂的工人群众心情也格外开

朗，有说有笑。

"公私合营，真是一件天大喜事！"

"这下子我们工人真正当工厂主人了！"

这些天来，向秀丽心里也翻腾得很厉害！

七年前，她饿着肚子走进这家"高家祠堂"的大门，资本家神气十足，挺着便便大腹，一哼一哈，只用鼻音和她说话："叫什么名，嗯？"连她家里祖宗三代的历史都查遍了。"端我的碗就得归我管！嗯！"没有说明让她干什么活，先给她约法三章。在这个厂里，她是年纪最小的一个，干的差事也最苦，整天两只手泡在药液里。就打算这样咬住牙挨下去吧，谁知资本家一摆手，就把她推出了大门。第二次进和平药厂，受的苦受的气更够呛。一边是工人们不断流汗，一边是资本家不断装他的腰包。究竟为谁干活啊？向秀丽常常为这个问题思虑不安。

好日子到来了。这里所有沾满了自己指纹和汗水的仪器，昨天看来不过是几块冷冰冰的铁，今天却都变得这样光泽夺目，越看越顺眼。它们成了大家共有的东西!

向秀丽被职工选为全厂合营委员会委员。她和委员们忙着清查账目,盘点各种设备。从黄昏起忙到天亮,每个人都是那样精神抖擞。当她把这些资产说成是"我们大家的"的时候,她说得特别地响亮、清晰! 从今天起,在这个厂里,劳动,已赋予了新的意义!

向秀丽被调到何济公药厂来当包装工了。这里,公私合营后,党领导开展一个学先进的运动。包装车间也开展了学习先进工作方法的热潮。开始,有的姊妹学习热情还不高,向秀丽就去劝她们:

"阿姊,你怎么不热心学习新包装法呢?"

一个女工说:"我的手脚笨。"

另一个也说出心里话来:"我怕刚学新技术,不熟练会减产,减少收入。"

有的人被向秀丽说服了,也有的人还抱

着观望的态度。向秀丽下决心自己带头学习！

但是，向秀丽尽管作着十二分的努力去学习，她的生产指标也在下降。每天，别的工人都像平常一样，安然无恙地下工，走回家去；向秀丽却坐在工作台前忙得满头大汗。

车间里，个别的工友讥笑向秀丽了。有的俏皮的姑娘，偷偷地瞟了向秀丽一眼，就小声地对旁边的人说道：

"幸亏我没学她……"

向秀丽没有就此罢休。她的心里没有别的，只有一个"党"字。她坚信党的号召一定是正确的，她多么希望合营后的工厂生产突飞猛进啊！于是，她日以继夜地苦学。经过不长的一段时间，向秀丽的包装量终于超过了原来的生产水平，而且产量在明显地上升。工友们把注意力都集中到她的身上；爱说俏皮话的，现在心里也不得不赞许她。

向秀丽把先进经验都传授给工友。她经常在晚上收工后，还留下来主动地帮助别的工友学习先进的工作方法。

"来吧，"向秀丽主动地靠近工友说，"大姐，我来帮助你。"

"天已黑了，你不要回家去吗？"

"不，回家忙什么。"向秀丽总是说，"我们多搞点社会主义嘛！"

她越来越精心地对待党交给自己的工作。哪怕是交给她一件"微不足道"的任务，她也是"如临大敌，严阵以待"。

好些人把女工委员看成尽和婆婆妈妈打交道的麻烦差事。向秀丽不同意这种看法，可是心里也有个疙瘩：天下最难开好的会恐怕要算家属会了，你把喉咙喊哑，你千叮万嘱，结果还是来得稀稀拉拉，会开得松松散散的。她为这苦恼，工会其他委员也有点儿伤脑筋。

她深入到家属中摸底，把这个疙瘩向群众"摊牌"了，她终于兴致勃勃地跑回来，说：

"工会主席，最好把开家属会议的时间

挪一挪。"

"为什么？"工会主席问。

"据我了解，大部分家属都是下午1点至3点
有些空工夫。这段时间开会比较合适。抽别的时候，
各忙各的家务，除了一些负担不重的姐妹能来，大
部分人都没空。"

工会主席答应了，向秀丽忽然又提出个新问题：
"有个要求：批点经费买玩具。"

"什么？"工会主席吃了一惊，"阿丽，你越来
越变成小孩啦。"

"不！"她忍不住笑出声来，"以前家属会开
得松散，有个原因：娃娃到会尽哭尽闹，扰得大人
心神不安。我想弄些玩具，哄哄小孩。"

这一说，工会主席同意了。

从此以后，开家属会时，来的人踊跃了。家长
们在一边开会，娃娃们被两个"保姆"领在一边玩
玩具，拉屎撒尿都不用家长操心了。家属会议质量
提高了，工会工作更好地得到了家属们的支持。

也有人称赞她："阿丽工作做得真精细，做出花儿来了。"她只微微一笑。

在这些日子里，她常常向工友提起那心爱的故事。她追述着：

"……当卓娅入团的时候，区委书记把窗帘拉开了，问卓娅看见什么没有，然后他指着天上的星星，提醒卓娅：'你记住：生活里一切大的和好的东西，全是由小的、不显眼的东西累积起来的。'"

她这样要求自己，也这样鼓励别人。

起初，她并不喜欢跳舞。可是每逢工会组织舞会来活跃职工文娱生活，她总是先跑到舞场去，和同志们一起打扫舞厅，一切收拾停当了，人们翩翩起舞了，她却退到舞厅的一个角落坐着，微微地笑着，看着别人跳；别人一再邀请她，她才腼腼腆腆地站起来，伴着音乐在人群中飞旋……

向秀丽几年来一直是个大忙人。白天生

产，下了班还得做社会工作。她妈妈多次劝她早些回家吃晚饭，她忙着忙着就忘了，她舍不得在外边吃东西，忙到深夜回家才吃。又不让妈妈给她重新热饭，固执地用温水泡饭吃。妈妈劝她：

"阿丽，也得关心你自己啊！"

她总想把话题岔开，有时，就对母亲直说：

"妈，今天我们有碗安乐饭吃了，我不能过河抽跳板啊。大家选我出来干工作，是信任我，如果都图个安逸，成堆成堆的事情谁去干呢？"

妈妈没有法子，只好给她买了个饭盒，每天盛好菜饭让她随身带着。

向秀丽有一个幸福的家庭。

她和崔俊锡结了婚。他们生了一个又白又胖的儿子。家庭乐趣更浓了。向秀丽最喜欢把孩子抱在怀里，亲一亲他那亮晶晶的大眼睛，捏捏那对大脚趾，孩子啊，再也不会像你妈妈那样受罪了……

孩子长到 1 岁了。有时候他在地上追逐一只花皮球，爬一阵，又望着大人嚷一阵：

"妈，妈……"

向秀丽和丈夫看了看孩子，又互相对看了一眼，笑起来。丈夫是个火车副司机，经常在外边跑车，能有这么一个假日，两人一起看着孩子滚着爬着，她是多么惬意啊！

有了孩子以后，家务事多了。向秀丽深怕婆婆受累，她回到家里，总是招呼孩子：

"到妈这儿来，让奶奶歇一歇！"

洗衣做饭，向秀丽都揽着做。从来也不粗声粗气地说话，一家人相处得十分和睦。

平日她喜欢把孩子打扮得漂亮些，却不轻易给自己做一件新衣裳。她最喜爱的一件石榴红短外衣，也只是逢年过节才舍得穿一穿。

"阿丽，给你添件新衣裳吧？"丈夫问。

"不用，比起解放前来，我穿得好多了。"她总是这样说。

她很爱她的丈夫。他们的生活是美好的、

幸福的。但向秀丽并不是无原则地对待自己的私生活。有时，崔俊锡对向秀丽发发牢骚：

"阿丽，我每天都要东奔西跑，生活没有定准。要是两人常在一起多好啊！"

向秀丽听了，笑了笑。然后就半劝导半批评地说：

"俊锡，你不要这样想。组织让我们做什么工作，我们就应该做什么工作。你不想去开火车，让谁去开火车呢？"

崔俊锡默默地同意了妻子的意见。此后，他就欢欢喜喜地走回家来，高高兴兴地驾着列车奔向远方了。

有一次古绮霞找向秀丽谈心，古绮霞说出一个"理想"：

"阿丽，我真想投考拖拉机学校。"

向秀丽忙问："怎么？不做包装工了？"

古绮霞说："包装工没多大意思，谁都能做。"

向秀丽沉默了一会儿，然后温和地说：

"古仔！这个思想可不能叫它发展下去。不能瞧不起平凡的工作。你记得模范售货员樊榴英的事迹吗？她不是在平凡的工作岗位上，创造出不平凡的事迹了吗？你也不想做包装工，我也不想做包装工，谁做呢？让病人自己伸手到车间来拿药吗？"

古绮霞找不出什么理由来反驳向秀丽的意见。她发现这位忠实的朋友，已走到她的前面去了。

生命在烈火中升华

赞向秀丽同志

　　郭沫若

向秀丽同志，你全身都化为了光，
你是英勇的献身精神的形象！
溶枝那铁的灼烁不你呵，
而是使你永生在人们心上。
你没有辜负党的培养，
你没有辜负人民的期望，
你是优秀的党的女儿，
你永远是人民的榜样！

一九三九年二月一日于广州

➔ 一个新党员的足迹

★★★★★

1958 年，何济公制药厂也卷入大跃进的浪涛中，厂里的党组织向全体职工提出，要苦战一年，改变企业面貌! 职工们干劲冲天，厂里接连试制成功几十种新产品，其中有一种叫做甲基硫氧嘧啶的新产品，要立即投入生产。党为了培养新生力量，把向秀丽从包装车间调到了"甲基"小组去。原来在配制甲基硫氧嘧啶的过程中，需要用金属钠，这是一种烈性的爆炸物，稍一不慎，就容易发生危险。有些人怕沾边。向秀丽清楚，党把她派去做这件崭新的复杂的工作，是党对她的信任，也是对她的鼓励和培养。她不顾有些人"好心"的劝阻，兴致勃勃地踏上了新的岗位。

复杂的化学反应式，一下使她的头脑发晕了。向秀丽只读过工人业余夜校，只有高小文化水平，怎么能啃下来这些生疏的东西呢？

党组织一发现她产生苦闷情绪，马上派人找她谈话，鼓励她，并且确定一位姓黄的老师傅来具体帮助她。

她反复思考着党的教导，努力说服自己：

"国家正做着前人没有做过的事业，自己有一点儿困难，算什么！"

她又鞭策着自己：

"阿丽，不懂就学！"

"一定要把困难打倒！"

向秀丽一旦下定了决心，她是一定要学

会的!

黄师傅平常有些急躁情绪。向秀丽担心一遍一遍地老问他,好不好呢?但是强烈的责任心促使她大胆地提出请求:

"黄师傅,这点我没搞清,等一等,让我想想。"

"你记不住吗?"黄师傅问她。

"现在我记不住,慢慢我就一定能记住!"向秀丽下着决心说。

师傅听了她的话,很受感动。在记笔记的过程中,许多符号向秀丽都是初次和它们接触。黄师傅一遍一遍耐心地给她讲着,她也还是跟不上记。向秀丽真苦恼,实在难得不行,她便坦白地对师傅说:

"黄师傅,我做笔记有困难。"

黄师傅说:"有困难我再慢慢地给你讲。可是你一定要记笔记,多用脑筋,才记得牢靠。"

"好。"向秀丽牢牢地记住师傅的话。她白天生产,晚上从厂里回家以后,打起精神,抓紧时间来读笔记。

儿子又搅扰她了:"妈,妈……"

向秀丽笑着,走过去亲了亲儿子。然后温和地请求婆婆:

"妈,我还要学习。请您先哄着他睡吧。"

婆婆和小孩子都先睡了。

夜多静啊,微风轻轻地从窗口吹进来,向秀丽的全部心神都贯注在笔记本里,一遍一遍仔细地读着,把不懂的地方都记下来,准备第二天再去请教师傅。夜深了。她怕婆婆发现她没睡,就用背挡住了灯光。有时婆婆半夜醒来,关心地问她:

"阿丽,你真是不要命了吗?你怎么还不睡?"

向秀丽从来不说谎话的,现在为了使婆婆安心,她只好笑笑说:

"妈，我已经睡醒一觉了。"

婆婆很心疼地劝她：

"你的身体慢慢要熬瘦的，阿丽，你还
不如回到包装车间去做工，倒轻松。"

向秀丽听见婆婆这样说，她便耐心地劝：

"妈妈，党信任我才派我去的，我们还
说这样的话，多不好。革命工作是不能挑肥

▷ 1958年，向
秀丽被调到"甲
基"小组。她日
夜刻苦学习，终
于学会了新技术

拣瘦的。党叫我做什么，我就做什么。"

她吃力地向一个技术高坡爬去。经过一个月的苦攻，终于基本掌握了"甲基"全部操作规程。接着，向秀丽又毫不保留地帮助新来的青年工人罗秀明，把这项新技术学会了。

向秀丽并不以此为满足，她还要学更多的东西。她看见黄师傅用硫化钙液试制硫脲时，她就去向黄师傅请教。

"阿丽，你简直像小孩子贪吃一样。你学这么多东西能消化吗？"黄师傅笑着问她。

向秀丽请求着说：

"请您多帮助我吧。只要别人能做到的事，我相信经过学习自己也能做到。"

不久前，向秀丽听了中区化工业党总支书记的动员报告，召共青团员和所有的工人积极分子，要出色地贡献力量，争取入党！向秀丽听了，早已产生的申请入党的念头，又在她的脑海里激荡起来。

行先头，赶先头，

生产积极要带头，

争取月月评上游。

向秀丽激动地写下了这样许多诗篇。

在这样紧张的、为美好的未来创造幸福的日子里，向秀丽恨的，只是一个人不能分做两个人来用。

有一天，向秀丽看着报，她突然把报纸扔了！

"死日本鬼子！"她非常气愤地说。

"你看见什么啦？"别人连忙问她。

"你去看看报上说的：日本的流氓污辱我们的国旗。我们和他们断绝贸易了。他们先是要卖给我们一些钢材的，现在不稀罕。我们自己做，说得到做得到！"

10月的一天，车间领导交给他们小组一个突击任务。要求他们两天内生产12公斤

"甲基"。向秀丽带头保证：

"任务交给我们好了！我们一定完成！"

当然，这个任务是够繁重的。向秀丽她们却是不声不响，默默地苦干。

当天深夜3点，她们完成了任务！黎明，向秀丽又回到车间来了，照常进行第二天的生产。

就是在这10月里，有一天，夜已深了，向秀丽还在车间里切金属钠。背后有了响声，向秀丽回头一望，原来是党支部副书记陈汉标同志。陈汉标同志蹲下来，一边帮助向秀丽工作，一边亲切地问：

"阿丽，这么晚了，你怎么还不去休息？"

向秀丽答道："我要做完了这些工作，才去休息。"

沉默了一会儿，党支部副书记又问：

"你这样勤勤恳恳苦干，为了谁呢？"

向秀丽说：

"我在旧社会吃了那样多的苦，今天生活这样好，爱也爱不够的。多做一点工作，不是为了共产主义，还为什么？"

"那你对待自己入党问题，怎么想呢？"

向秀丽心跳得真厉害！入党的要求，在她的心里已经藏了好久了。她停下了手里的工作，看着党支部副书记的眼睛，说道：

"我心里早已想过入党问题。我只想，还应该把工作搞得更出色，让党来考察我。"

这些日子，向秀丽心里特别激动！她心里考虑了很久的入党问题，现在无论怎样再也闷不住了。她终于去找党支部副书记陈汉标同志，正式向党提出了入党要求。

向秀丽，在建设祖国的浪潮中成长着。党教育她依靠组织，她便依靠集体力量去冲锋陷阵；党帮助她摘掉了幼稚无知的帽子；党培养了她一颗为人民服务的赤诚的心！党把这个普通的工人，培养成一个坚强的建设社会主义的战士！

经过对向秀丽的长期培养和审查，1958 年 10 月 31 日，在工厂党支部大会上，一致通过向秀丽为中国共产党预备党员。这是向秀丽生命中的一个光辉的日子。从这一天起，向秀丽就更加自觉地以共产党员的模范行动，来影响群众，和群众一道前进。

冬天来了。药厂里组织了"三八"战斗队去支援修芳村铁路，他们"甲基"小组去了四个人，向秀丽是带头参加的一个。她兴奋得很，夜里都没睡好，天还未亮她就起床了，悄悄地把四个人的早饭做好。大家都起来的时候，饭锅里早已冒出热腾腾的香气了。她们不约而同地问：

"阿丽，你怎么又自己悄悄地干了？"

向秀丽亲切地说："别说这个了，快吃吧。我们力气比不上男同志，要吃饱，早出工，才能赶得上人家咧！夺它一杆红旗回来，怎样？！"

大家同声说："夺红旗！"

　　姑娘们的劲头真的上来了。在芳村铁路工地上，这些姑娘们劳动得很出色。向秀丽一面提着大土筐跑，一面做宣传鼓动工作。收工的时候，她们果真夺得红旗。向秀丽受到了表扬。

　　充沛的政治热情和对未来强烈的向往激励着她。这个时候，女工罗秀明同她住一个宿舍。罗秀明睡熟了，她还没睡，第二天清晨，罗秀明起来，发现向秀丽又已经提前上班了。

"甲基"小组由于团结奋战，一连几季得到红旗。向秀丽第二季度受到大会表扬，第三季度被评为先进生产者，10月份立了一次小功。

向秀丽在党的指引下，和大家一起飞跑……

有一天，向秀丽和古绮霞相见了。她们自从药厂合营以后就分开了，见面的机会很少。

"听说你入党了？"古绮霞睁大眼睛望着向秀丽。

"我入党了，可是我的缺点还很多，以后你应该更严格地给我提意见。"向秀丽诚恳地说，"你怎么样？"

"我还不够条件。"古绮霞脸上掠过一阵绯红。

"条件是等不来的，要自己创造。"向秀丽勉励着古绮霞，"多听党的话，克服自己的缺点。要争取。"

古绮霞激动地伸出手，接过向秀丽送给她的一本书。这本书是《怎样做一个共产党员》。向秀丽在书的内封上，工工整整地写着：

绮霞，给你留念。

丽

◁ 向秀丽与姐妹们在为制造"甲基"药品而紧张地忙碌着

→ 向凶险的火焰扑去

★★★★★

楼梯口响起一阵脚步声，姑娘们唱着、笑着，走来了。

小燕子，

穿花衣，

年年春天来这里，

我问燕子你为啥来？

燕子说：

这里的春天最美丽。

……

车间的门"吱呀"一声开了。向秀丽、

罗秀明和蔡秋梅都走了进来。今天，她们又提前 10 分钟上班。红旗竞赛以来她们兴起这个规矩：来得早走得晚，谁都想在车间里多干些活。

"喂，明天早上，大家到中山纪念堂前边大坪测验劳卫制！"蔡秋梅说。

"劳卫制？"向秀丽一听就乐了，"啊，我一定去的！"她一直坚持着劳卫制锻炼。她带着一种挑战的口气问她们：

"怎么样，明天早上你们去吗？"

"早上怕起不来！"罗秀明说。

"我叫你！"

这时，从何济公制药厂"甲基"组工作室窗口望出去，广州已是万家灯火。今天是周末，离 1959 年元旦只有 18 天了，大街上人来人往，车辆如织，熙熙攘攘，比平常热闹多了。

房间里的工作和往常一样，有条不紊地

进行着。靠墙边，一排火炉子烧得正旺。金黄色的药液在瓶里沸腾着。向秀丽静静地坐下来切金属钠。

这时候，罗秀明从地上抱起一大玻璃瓶无水酒精。她脸红气喘，向秀丽看到后，连忙放下自己的工作，迎上去说：

"秀明，来，我帮助你。"

罗秀明喘了一口气，微笑地对向秀丽说：

"以往我们用的酒精瓶都是平底的，这回买回来的酒精，瓶子改成这个圆底的了，滑溜溜的，不好拿。"

向秀丽说：

"装多少酒精？"

罗秀明说："50斤。"

"怪不得这么沉呢。"向秀丽说。

瓶子太沉，她们抱不住，只好把酒精瓶坐在一张木凳上，往量筒里倾注。她们头一次用这圆底瓶，感到不大顺手。她们小心地

操作着，已经安全地量过两筒了，酒精瓶的
倾斜度渐渐大起来。

忽然瓶子一溜，"啪"的一声，酒精瓶落
到地上打破了。

酒精马上流出来！

挥发着的酒精气味顿时弥漫了车间！

"哎呀！"没有经验的姑娘们，急得叫

◁ 突然，一个酒
精瓶打破了，酒
精流到火炉边，
顿时燃烧起来

起来，一时不知怎么办！

酒精迅速地在地上流，很快就和火炉子的热气接触，"噗"的一声，火苗腾起来！

向秀丽急忙从肩上扯下毛巾，蹲在地上去扑火。罗秀明和蔡秋梅也赶上来，把毛巾浸到酒精里。

"噗! 噗! 噗!"毛巾都着了！

向秀丽一看毛巾不顶事，马上转过身，要取灭火器。蔡秋梅赶忙叫她：

"阿丽，阿丽! 你腿上着火啦!"

向秀丽一看身上着了火，她猛地停住脚，再看，灭火器的旁边，就是几桶烈性易爆炸的金属钠！

火——金属钠——大爆炸! 整个工厂和附近人民的生命安全! 这一连串问题，电一样飞闪过她的脑际。一瞬间，她毅然转过身来，冲到火焰里，用手狠狠地堵住酒精的流路！

蔡秋梅看见火在向秀丽身上越烧越大，

她跑过来：

"阿丽，你身上着了大火啦！"

向秀丽被烟呛了好几口，她喊道：

"我不要紧，你快去喊人来救火！"

"火会烧坏你！"

蔡秋梅急得冲上去，两手不停地给向秀

丽的身上扑火。

　　向秀丽一边堵酒精，一边狠狠地看了蔡秋梅一眼，大声喊：

　　"快叫人！不要管我！快呀！快呀！"

　　火焰像旋风一样地旋卷，酒精流到哪里，大火就烧到哪里！火舌舐着墙上的红旗锦旗，舐着天花板，"噼噼剥剥"地响！

　　罗秀明的围裙也着了火，她匆匆忙忙跑去撕扯一张大帆布，想压住猛烈的火焰。

　　火，迅速地向向秀丽逼过来，从脚部掠向腹部，掠向胸部，向秀丽却一股子劲儿往前堵。她眼看着酒精还在向金属钠那边流去，光靠手掌已经堵不住，她就咬紧牙关，牢牢地把身躯贴在地面上，像一堵墙似的截住酒精的流路。

　　"不能！决不能让你流过去！"她紧紧咬住嘴唇。

　　这时，酒精把她全身的衣服都浸透了，恶毒的火舌在她身上发出"咝咝"的怪叫，衣服被烧去大半截了，手烧焦了……

火，火！这恶毒的火啊！在无情地烧着向
秀丽……

当厂里党支书领着职工冲上楼的时候，
金属钠的桶里开始冒黑烟了，只要再过一分
钟，金属钠就可能发生猛烈爆炸。是向秀丽
以她的身体争取了时间！职工们不顾危险，

◁ 在金属钠即将爆
炸这十分危急的情况
下，向秀丽立刻扑向
烈火，用身体去堵住
燃烧的酒精

连忙抱起金属钠，冲下楼去，把它扔在空地方。

最先冲进楼来的党支书和车间主任，很快就把向秀丽身上的火扑灭。向秀丽从昏迷中睁开眼睛，痛苦地痉挛着，可是一见着同志们，她就急迫地嚷着：

"别管我！你们快去抢救金属钠！"

生命在烈火中升华

一阵彻骨的疼痛！向秀丽又昏迷过去了……

"阿丽！"

"阿丽！"

大家连声呼唤她。

可是她的眼睛紧紧闭着，呼吸渐渐微弱了，她的生命已经处于十分危险的境地……

➡ 亲情融入阿丽的生命

★★★★★

一辆救护车飞快地穿过几条街道，在广州市第三人民医院的门口停下来。

医护人员踏着急促的步子，从车上把向秀丽抬进病房。向秀丽依然在昏迷，不省人事，几个烧得发黑的手指头蜷缩着，胸部艰难地一起一伏……

这是个多么不幸的消息啊！当消息传到中共广州市委会，市委书记薛焰同志很快就赶到医院。随后，他通知全市各大医院的负责人和中西医内外科的名医、教授、专家，齐集到第三人民医院，立刻研究对向秀丽的抢救措施。由广州市卫生局党委书记姚细坤同志亲自领导抢救工作。在会诊会上，市委书记薛焰同志指示：

"一定要想尽一切办法来抢救向秀丽同志。需要什么，就给什么！"

医院里的空气真是紧张极了。人们屏住了呼吸，悄悄地、急迫地奔走相问：

"向秀丽烧伤的面积多大啊……"

旁边，一位白衣护士走过来，沉重地说：

"烧到肌肉和骨头的三度伤占40%。这比丘财康还严重……"

▷ 向秀丽受伤极重，非常危险。党组织请来了著名的中、西医医生抢救她

在向秀丽的病房门前，人们焦急地聚拢来，越聚越多……

病人的脉搏跳动微弱，已经无法用手测试。这正是严重的"休克"关！抢救，在医院里彻夜不停地、紧张地进行着。一天，两天，终于，在第三天，向秀丽度过了"休克"关。

啊，向秀丽苏醒过来了！她吃力地睁开

眼睛，微微喘着气，看了看这个陌生的环境，
第一句话就说：

"党支书！"

何济公制药厂党支部书记卢华同志，整
夜地守着她，他轻轻地说：

"阿丽！我在这里。你觉得怎样？"

"金属钠爆炸没有？"向秀丽急切地问。

◁ 向秀丽经过急救醒
来了，她看到党支书
就问："金属钠爆炸
没有？"当她知道工
厂已经保住时，她
的脸上露出了笑容

“没有。”

“罗秀明烧坏没有？”

“她不太严重。阿丽，放心休养吧！”

这个时候，向秀丽才轻轻地舒了一口气，脸上微微浮起了笑容。

党组织为了更好地抢救向秀丽，把她转到广州市第一人民医院来。

在向秀丽疼痛得最厉害的时候，党组织给了她精神上最大的鼓励。市委、区委许多负责同志都在百忙之中抽出时间来看她。药厂的党支书守候在她的身旁。

“啊！……”她疼得喘着，脸上冒着虚汗。

“阿丽，”党支书卢华同志急忙轻声安慰她说，“你要忍耐一下……”

“啊！”向秀丽疼痛得有点儿焦躁起来。

“阿丽，”党支书含着泪，靠近向秀丽，亲切地说，“我来给你讲个丘财康的故事吧。”

“嗯。”向秀丽静静地看着党支书的眼睛。

她静静地听着。当党支书讲到丘财康如何向烧伤的痛苦作斗争的时候，向秀丽便坚定地说：

"嗯，我一定学习他！"

她有时疼得眉稍发颤，可是紧咬牙关，不哼一声。

在这些日子里，人们川流不息地拥向医

▷ 当向秀丽最痛苦的时候，党支书便给她讲丘财康的故事，鼓励她要以共产党员的坚强精神，克服最大的痛苦

院门口，关心着向秀丽的病情。好几百个志愿输血的人，在院里排成队，有青年，有老年，也有少先队员。星群药厂的一些上晚班的青年工人，干了一个通宵，下了班，就奔向医院门口，等着给向秀丽输血。有的等不及了，就走到输血室去，苦苦央求医生："我体质最好，先抽我的血吧！"和向秀丽同一药厂的车间主任，也在抢救火灾中烧伤了手。他却赶到医院，要求医生一定要抽他的血：

"我请求你，医生同志，不要犹豫了。抽我的吧！这样阿丽会快一些好的！"

他紧紧地跟随着医生央求着，直到医务人员抽了他 200 毫升的血，他才走开。

向秀丽知道同志们的血液在自己身上流的时候，她激动极了，很不安地问："医生，他们抽了血给我，会不会影响他们的健康？"

"不会的。他们都很爱你。"

向秀丽不顾身上的痛苦，轻轻欠着身子，恳请外科部党支部书记说：

"请您帮我把这些好同志的地址记下来吧，等我好了，我要去谢谢他们。"

有一天，向秀丽的爱人崔俊锡来看她，向秀丽全身正疼得厉害。崔俊锡忧虑地问：

"丽，觉得怎样？"

"不要紧。"向秀丽说，"你是请假来看我的吗？"

"嗯。"

向秀丽温存地望着他说：

"我再苦战一个月就可以出院工作了，你不要常想我。要不，开火车的时候思想不集中，容易出事故。"

医院为了使她的创伤面保持清洁、干燥，经常要给她换床单。这对她来说，是最难忍的事，只要微微一碰她的烧伤处，便像一堆针在扎她。几次换床单，她都咬牙忍受着。后来，她实在忍耐不住了，便向医生请求道：

"好医生，好医生，不要翻身换床单了吧！"

"秀丽同志，"医生亲切地告诉她，"勤翻身、勤换床单，你的伤口就会保持干净，就会很快愈合的，你也可以早日回到工作岗位上去。"

向秀丽知道有这些好处，就主动要求医生："医生同志，翻吧，翻吧，多给我翻身吧！"每次翻身的时候，她咬紧牙关，一声也不吭了。

在市委"要什么，给什么"的指示下，集中了一切力量来抢救向秀丽。孙乐宜副市长亲自派人为她购来空气调节器。国际仪器厂等三家工厂的工人们，用 5 个小时的时间，特地为她赶制了"电桥"，市里派人从上海等地采购来许多贵重的药材，还从哈尔滨采购来珍贵的人参。医院里的电话机应接不暇地响起铃声，许多不知名不知姓的人问："向秀丽同志怎么样？""她需要什么？"一阵又一阵的剧烈疼痛袭击着向秀丽的身体，但根据她身体虚弱的情况，是不能过多地施用麻醉剂的。她疼得身上发抖了，她便苦苦地要求医生给她一些酒喝，使自己麻醉过去。"医生，要喝一杯！""至少也让我喝半杯！"

外科部党支部书记走来：

"秀丽同志，我们一定设法使你减少痛苦。"他告诉她，"现在，党支部经过研究，认为喝酒对你没有好处，决定不给你喝了。"

"好，我听党的话！"向秀丽说。她从

此再也不提喝酒的事了。

医院里的医务人员昼夜在她的身边辛勤地照料。他们的心情都随着向秀丽的病情好坏而转移。向秀丽也为他们的辛劳而不安，每当午夜被一阵剧痛折磨醒的时候，看见医生还守护在她的床边，她就恳求：

"医生，我没关系，你们去睡吧！"

医生安慰她说："秀丽同志，你好好休息吧，我们看护你。"

"唉，你们为我这样辛苦。"向秀丽便再三恳求，"去睡吧，去吧！"

姐姐们来看她，她却又请求姐姐抽空去看看别的受伤的工友。她怕母亲为她难过，她就叮嘱姐姐转告母亲，请母亲不必来看她，就说她好了。

有一天早晨，她在一阵疼痛之后，请求一位姓邝的女医生，说：

"邝医生，请您拿来一面镜子。"

"阿丽，"邝医生担心她照镜子后会难过，连忙小心地安慰她说，"我不瞒你，你是瘦了一些，哪个人有病都难免要瘦一些的。你好好养伤，慢慢会好起来，不要担心。"

向秀丽微笑了，她喘了几口气，悄悄地说：

"今天我婆婆要来看我。怕她难过，我先照照自己。"

婆婆来了。老人的眼里忍不住闪着泪花。

"阿丽，我看看你伤得怎样……"老人要求着。

向秀丽把那只烧伤得很重的左手藏在被单里面，她大概碰着伤处了，顿时脸疼得煞白。可是她伸出伤势较轻的右手，微笑地安慰老人：

"妈，您看，我都快好了。"

向秀丽总是在想办法使关心她的人们，不要为她增加"精神负担"，她也尽量使自己的注意力转移到更广阔的天地去。她每天都要求护士给她读报，读那些慰问信。

一个护士怀着兴奋的心情，轻轻地走进
病房。

护士一进门，向秀丽的眼睛就盯住了她
手上拿的报纸。向秀丽问：

"念吧！今天有什么消息？"

"好消息！"护士凑到病床旁边。

"啊，快念！"

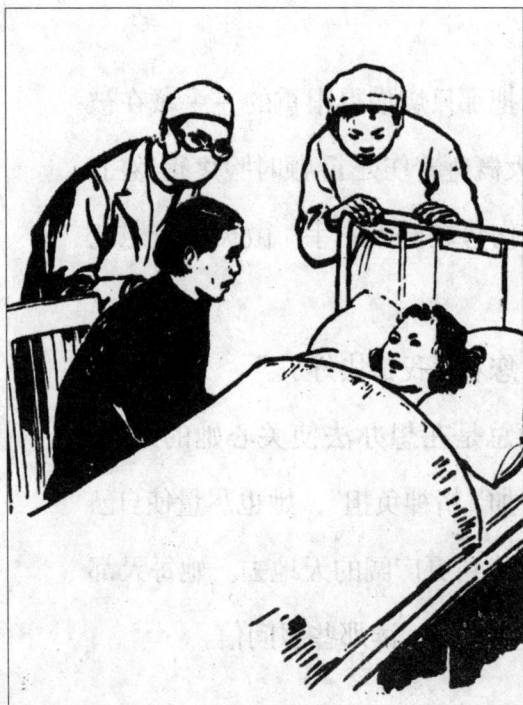

◁ 向秀丽关心别人胜过关心
自己。她婆婆来看她，她把烧
焦的手藏起来。为了不让别人
知道自己的痛苦，她从没在别
人面前叫过一声痛，还和大家
一起唱粤曲、讲故事

"……苏联宇宙火箭正向月宫方向飞行!"

"向月宫?"向秀丽忘记了痛苦,脸上露出激动的笑容,她把报上那幅月宫嫦娥仙子迎接宇宙火箭的图画看了又看,一边说:

"真是了不起!真是了不起!"

然后侧过头去,朝着窗外那蔚蓝色的太空,看了好久好久。

向秀丽又是一整夜没有睡着。早晨,她痛苦得难忍,便要求医护人员放留声机,让音乐声掩没她低声的呻吟,有时,她自己也伴随着唱片,哼着自己心爱的粤曲《搜书院》,唱一段,休息一会儿,又唱。末了,她请求医务人员:

"请你们唱一支歌吧。"

"你喜欢听什么?"

"再唱一遍《护士日记》的插曲。"

歌声轻轻地在病房里回荡着:

小燕子

穿花衣

年年春天来这里

我问燕子你为啥来

燕子说，这里的春天最美丽

这时，向秀丽唇边泛起了笑容，她也跟随着唱了起来：

小燕子

告诉你

今年这里更美丽

我们盖起了大工厂

装上了新机器

欢迎你，长期住这里

尽管她全身很大的创伤面并没有好转，右手却已经局部地生长新肌了。这些天来，她喜欢把这只手探出被外，仔细地看着那焦黑的痂皮剥落后，底下露出的一层浅红色的鲜皮，她向医生试探：

"医生，我再苦战一个月，就可以出院了，是不是？"

"是的。"医生安慰她。

向秀丽内心里浮出了幸福的笑容。

向秀丽住的 302 号病房南边，隔着玻璃窗就是一座倚楼。倚楼前面是一丛榕树。每当夕阳斜照时，向秀丽就喜欢看这葱绿的榕树，她看得出神了。

"怎么，想出去走走？"余医生问她。

"能走走多好啊。"向秀丽抑制着身上的痛苦，微笑着说。

"你再好好休养一段时间，我们陪你去。"余医生轻声安慰她。

1959 年的元旦来了，医院里举行晚会。音乐声穿过榕树，传进 302 号病室。余医生、邝医生和一个护士同志都留在病房里照顾向秀丽。向秀丽被全身的痛苦折磨着，不安地问：

"你们为什么不去参加晚会？"

"我们和你在一起。"医护人员说。

"你们会跳舞吗？"向秀丽努力摆脱着自己的

痛苦问他们。

"你呢？"

"我原来不会，现在也跳得不好。病好了我再跟你们跳。"

向秀丽向他们摆着手说："来，把病床推到墙边去，你们就在这里跳起来吧。"

"我们三个人凑不上两对。"医护人员不知怎样安慰向秀丽才好，就这样搭讪着说。

"剩下的一个人就抱个凳子跳吧。"向秀丽微笑着提议说，惹得大家呵呵笑起来。

她清醒的时候，病室里总是充满愉快气氛。只有当她蒙眬睡去时，她才不知不觉地发出呻吟。她永远是为别人想得多，为自己想得少。就是在这样重重的痛苦包围中，向秀丽也没有忘记一个共产党员的责任。她的心在跟随着工人阶级前进，她也无时不在热心地团结周围的人前进。

一个深夜，向秀丽的体温上升到 39 度，她疼得打着哆嗦。值班的女医生是邝医生，向秀丽目不转睛地望着这个熟悉的面孔，过了好一会儿，她激动地说：

"邝医生，我真喜欢你哟！"

邝医生为了安慰她，俏皮地说：

"如果我是一个男子呢？"

在灯光下，向秀丽的脸颊微微泛起红晕："你是男子，我就不说喽！你今年多大了？"

"我26。"邝医生问她："你呢？"

"我25。我们做姐妹多好。"向秀丽忘记了痛苦，很想伸过手去。

"好啊。"邝医生很高兴地答应说。

"我好了以后，你到我家去玩儿。"向秀丽说，"我们往后都要好好为党工作。你文化比我高，我要向你学习。"

"我才应该向你学习呢！"邝医生说，"我还是个团员。"

向秀丽咬住牙，忍受了一阵痛苦，沉思了一会儿，

生命在烈火中升华

望着邝医生说：

"邝医生，你努力创造条件，要争取加入我们党的组织。"

一个病人，不，一个共产党员的热烈期待和鼓励，使青年医生激动得想哭，她回答：

"秀丽同志，我一定记住你的话。一定！一定！"

当向秀丽的革命乐观主义精神强烈地感染着周围同志的时候，绿脓杆菌正在恶毒地吞噬着她的肌体。1月10日以后，向秀丽的病情越来越重了。党组织动员全市的主要医学专家都来尽力抢救，医护人员包括外科部党支部书记，已经日日夜夜不下"火线"了。向秀丽看着这些辛勤的同志，她很过意不去。1月14日的深夜，她的呼吸十分急促，张口讲话都很困难，她还恳切地要求值班医生：

"余医生，很晚了，不要陪我，你回去睡吧。"

余医生在她苦苦的恳求下，出去了，过一会儿，他又悄悄地推门进来。向秀丽微微睁开眼睛，说：

"怎么又回来啦？"

"秀丽同志，你好好休息吧，我在这里陪你。"

"好医生，去吧，我不要紧，你在旁边，我睡也不安心。"

向秀丽的病情在急转直下。

医院整夜都在紧张地对她进行抢救。

第二天清晨，一抹清晖淡淡地照进病房。她恋恋不舍地凝视着那丛葱绿的榕树。她的声音微弱了，但还充满着期待地问医生：

"我还有几天，才能出院工作？"

医生止不住眼泪流下来，安慰她："再过几天……"

向秀丽在生命垂危的时候，呼吸已经非常艰难了，她微微点头，把自己的丈夫叫到床前。她的丈夫噙着眼泪问道：

"阿丽，我在这里。有什么对我讲么？"

向秀丽把一生最宝贵的话告诉他：

"有事多请示党……听党的话，是没错的……"

她的心脏停止了跳动。

时间是 1959 年 1 月 15 日 12 时 43 分。

党的好女儿向秀丽，永远地离开了我们。

➡ 永远铭刻在人民心上

✦✦✦✦✦

党组织尽了最大的努力来抢救向秀丽，她的生命顽强地延续了 33 天，终于因为伤势过重，光荣牺牲了！

党组织认为向秀丽是党的好女儿。中共广州市中区党委已追认她为中共正式党员。

党的好女儿向秀丽的光辉事迹，在全国人民中传扬着！全国青少年都在纪念和歌唱这个不朽的人！

◁ 1959年1月15日，党的好女儿向秀丽的心脏停止了跳动。她的光辉事迹在全国人民中传扬

后 记

　　1959 年我们受命采访向秀丽事迹时，都还是 20 岁出头的记者，自知采写经验不足，然而由于向秀丽崇高精神的激励，我们夜以继日地边采边写，20 天便完成小传草稿。在经广州有关部门审阅和修改过程中，又分几次将稿件电报发回北京，或委托京广列车快递北京，这就保证了《中国青年报》按计划配合团中央号召全国青年学习向秀丽的热潮，于当年 3 月 19 日至 4 月 2 日以《向秀丽》为题连载了这部小传；中国青年出版社亦于当年 5 月出版了这部同名小传，连续印行 60 万册。

　　同一时期在《中国青年报》连载的，还有画家、报社美编室刘禾同志的《党的好女儿——向秀丽》连环画一套。刘禾当年也曾亲赴广州现场实地采访。现将她的画作插入本书，以使文图互配，增添真切感。

　　本书作者之一黄际昌同志因病已于几年前去世，借这次本书修订出版之际，由我写了代序和后记。有不当处，诚望读者指正。

房树民

2012 年 1 月 3 日

/100位

新中国成立以来感动中国人物/

丁晓兵　马万水　马永顺　马恒昌　马海德　中国女排五连冠群体

孔祥瑞　孔繁森　文花枝　方永刚　方红霄　毛岸英

王　杰　王　选　王　瑛　王乐义　王有德　王启民

王进喜　王顺友　邓平寿　邓建军　邓稼先　丛　飞

包起帆　史光柱　史来贺　叶　欣　甘远志　申纪兰

白芳礼　任长霞　刘文学　刘英俊　华罗庚　向秀丽

廷·巴特尔　许振超　达吾提·阿西木　邢燕子　吴大观

吴仁宝　吴天祥　吴金印　吴登云　宋鱼水　张　华

张云泉　张秉贵　张海迪　时传祥　李四光　李春燕

李桂林和陆建芬夫妇　李素芝　李梦桃　李登海　杨利伟

杨怀远　杨根思　苏　宁　谷文昌　邰丽华　邱少云

邱光华　邱娥国　陈景润　麦贤得　孟　泰　孟二冬

林　浩　林巧稚　林秀贞　欧阳海　罗映珍　罗健夫

罗盛教　草原英雄小姐妹　赵梦桃　钟南山　唐山十三农民

容国团　徐　虎　秦文贵　袁隆平　钱学森　常香玉

黄继光　彭加木　焦裕禄　蒋筑英　谢延信　韩素云

窦铁成　赖　宁　雷　锋　谭　彦　谭千秋　谭竹青

樊锦诗

图书在版编目（CIP）数据

向秀丽 / 房树民，黄际昌著. -- 长春：吉林文史
出版社，2012.6（2024.5重印）
（100位新中国成立以来感动中国人物）
ISBN 978-7-5472-1098-7

Ⅰ．①向… Ⅱ．①房… ②黄… Ⅲ．①向秀丽
（1933～1959）－生平事迹－青年读物②向秀丽
（1933～1959）－生平事迹－少年读物 Ⅳ．①K828.5-49

中国版本图书馆CIP数据核字(2012)第136136号

向秀丽

XIANGXIULI

著/ 房树民 黄际昌

绘画/ 刘禾

选题策划/ 王尔立　责任编辑/ 王尔立 李洁华 马华 任玉茗

装帧设计/ 韩璘

出版发行/ 吉林文史出版社

地址/ 长春市福祉大路5788号　邮编/ 130118

电话/ 0431-81629363　传真/ 0431-86037589

印刷/ 天津海德伟业印务有限公司

版次/ 2012年8月第1版 2024年5月第5次印刷

开本/ 640mm×920mm　1/16

印张/ 9　字数/ 100千

书号/ ISBN 978-7-5472-1098-7

定价/ 29.80元